農業으로 보는 한국통사

김용섭 지음

김 용 섭

1931년생
1955년 서울대학교 사범대학 졸업
1957년 고려대학교 석사
1983년 연세대학교 박사
1959-1975년 서울대학교 교수
1975-1997년 연세대학교 교수
1977-1979년 한국사연구회 대표간사
1984-1985년 파리 제7대학 방문 교수
2000년-현재 대한민국 학술원 회원

農業으로 보는 한국통사

초판 1쇄 발행 2017. 10. 27.
초판 2쇄 발행 2019. 7. 1.

지은이   김 용 섭
펴낸이   김 경 희
펴낸곳   (주)지식산업사
　　　　본사 ● 10881, 경기도 파주시 광인사길 53(문발동)
　　　　　　　전화 (031) 955-4226~7 팩스 (031) 955-4228
　　　　서울사무소 ● 03044, 서울시 종로구 자하문로6길 18-7
　　　　　　　전화 (02) 734-1978 팩스 (02) 720-7900
　　　　영문문패 www.jisik.co.kr
　　　　전자우편 jsp@jisik.co.kr
　　　　등록번호 1-363
　　　　등록날짜 1969. 5. 8.

책값은 뒤표지에 있습니다.

ISBN 978-89-423-9028-1(93910)

이 책을 읽고 저자에게 문의하고자 하는 이는
지식산업사 전자우편으로 연락 바랍니다.

農業으로 보는 한국통사

김용섭 지음

지식산업사

머리말

이 책은《韓國中世農業史硏究》에 수록한 제Ⅰ편〈土地制度
槪觀 − 土地制度의 史的推移〉를 바탕으로, 그 이후 이와는 별
도로 고찰한 고조선(古朝鮮), 농학(農學), 농업기술(農業技術),
농업경영(農業經營)에 관한 연구 성과를 증보함으로써, 작지만
우리 역사, 우리 농업사의 기본골격, 기본 틀이 되도록 요점 중
심으로 정리한 것이다. 농업사를 농업생산의 발전과정으로 기
론하여, 그 결과를 토지제도의 모순구조 형성과 그 타개의 사
적 추이, 살아있는 역사로서 마무리되도록 정리하였다.

필자는 오랜 세월 동안 한국사를 전공하였으면서도 평생 교
양용의 작은 통사(通史)조차 쓰지 못하였다. 그래서 친구들은
교양 한국사의 중요성을 강조하며 그 편찬을 권하곤 하였다.
그래도 지금은 더 중요한 기초적인 연구를 먼저 해야 한다고
생각하였으며, 통사는 다른 유능한 여러 학자들이 있지 않은가
라고 사양하였다.

그러면서도 이러한 권유가 필자에게는 적지 않은 부담으로

작용하곤 하였다. 그래서 필자가 작업하고 있는 농업사 토지제도(土地制度) 분야를 통해서 내 나름의 교양 한국사를 편찬하면 어떨까하고 구상하게 되었다. 우리 역사를 농업사 분야의 교양 한국사로서 편찬하면, 한국사의 발전 논리가 더 명쾌하게 정리될 수 있지 않을까 생각되었다. 대학에서 교양 한국사를 강의하는 현직 교수와 박사들의 의견도 들었다. 그들은 내 취지에 찬동하고, 그 가운데 이상의 박사는 책 제목도 그 같은 취지에 부합하도록 《農業으로 보는 한국사》로 정하면 좋겠다고 하였다. 필자는 이 제목을 살리기로 하였다.

필자는 농업사와 토지제도에 관하여 여러 편의 기초적인 연구를 선행하였고, 한국사의 통사는 아니나 한국문명(韓國文明)의 발전논리의 틀을 거시적으로 정리한 바도 있으며, 그리고 요하문명(遼河文明) 홍산문화(紅山文化)의 새로운 자료도 발굴되고 여러 학자들의 이에 관한 연구도 많이 나왔으므로, 우리 역사 우리 농업사를 개관할 수 있는 작은 통사를 편찬하는 것이 어려운 일은 아닐 것으로 생각하였다.

짧은 기간에 원고를 마무리할 수 있었음은 다행한 일이었다. 그러나 필자는 무리한 작업으로 지병이 악화되어 병원에 실려가게 되었다. 후속되는 조판 작업을 마무리할 수 없게 되었고, 김연주 편집인에게 과도한 수고를 끼치게 되었다. 그리고 그 나머지 작업은 평생 연구를 같이해 온 이경식 교수와 김도형 교수의 신세를 지게 되었다. 모든 사람들의 수고를 고맙게 생각하는 바이다.

책을 출판하게 될 지식산업사의 김경희 사장과 의논도 하고 그 양해를 얻어서 작업을 할 수 있게 되었다. 교양서이면서도 전문성을 유지하는 교학적 교양용 통사로 조금은 색다르게 계획된 책자이지만, 이로써 늘 마음에 부담으로 느껴오던 문제가 면책되기를 바라는 바이다.

2017년 1월
김 용 섭

차 례

12

제1장 농경문화(農耕文化)의 시작

도론 : 돌농구[石器] 곡물 재배에서 문명단계로

농경은 인류역사에서 대체로 원시사회 말기, 신석기시대에 시작되었다. 농경은 인간생활의 기반으로서 오랜 세월 동안 발달·보급되어 왔다. 농경 이전에는 수렵과 채취가 생계 도모의 주요한 방편이었다. 그러면서도 점차 식물의 성장 원리를 생산 활동에 이용하고 원초적 식재(植栽)를 시도하면서 수렵·채취가 갖는 계절적, 지역적 제약을 조금씩 벗어나갔다. 우리 한민족의 오랜 선조들은 동아시아 여러 북방 민족과 더불어 내몽고, 만주, 요하 일대 및 한반도 등지에서 농경을 시작하였다.

곡물의 채취적 식재는 재배(栽培)의 형태로 전진하여 초보적 농경으로 자리 잡아갔다. 그 사이 정착취락(定着聚落)을 영위하고, 각종 농사 용구를 제작·활용하기에 이르렀다. 농사짓기는 생산의 기간(基幹)이 되고, 사회 활동의 중심을 이루어갔다. 곡물재배는 순화(馴化)의 과정을 거치면서 가장(稼檣), 곧 실질상의 농경으로 진입하였다. 대략 기원전 수천 년 전에 이미 이에 도달하였던 것으로 추정되고 있다. 그 오래고 오랜 세월 동안 이어져 오던 생계활동은 농경단계로 전화·진전하면서 생산경제(生産經濟)로 진입하여 갔다. 그리고 이와 아울러 원래 지니고 있었을 목축·유목식 생계방도는 점차 청산되어 갔다.

씨족사회는 그 사이 농업공동체·농촌공동체로 성장·변동하면서 부족국가로 진전되었다. 요하(遼河) 문명권의 홍산(紅山) 문화와 그 문화의 주체였던 청구국(靑邱(丘)國)은 이런 형세의 징표였다. 이 문화의 후기에 가서는 정치군사적 격동기를 맞았는데, 그것은 북방민족 및 중국과의 문명적 대치(對峙), 격돌이었다. 치우(蚩尤)와 황제(黃帝)의 대결은 그 구체적 사건이고 결과였다. 이를 거쳐 고조선계 정치세력은 새롭고 거대한 정치집단으로서 국가를 건설하는 데로 나아갔다.

이런 여러 사정은 요하 일대 및 한반도의 몇몇 유적(遺蹟)과 역사 기록 등에서 볼 수 있다. 이 장에서는 농경문화와 정치사회의 관계 및 그 수준을 가늠하여 살피는 것으로 이 책의 머리로 삼는다.

1. 요하문명(遼河文明) 홍산문화(紅山文化)의 농경

東아시아 북방민족들의 농경문화는 내몽골, 만주, 요서지역과 요동지역에 걸치는 요하문명(遼河文明)에서부터 시작하였다. 이 문명은 신석기시대(新石器時代)의 문화유적으로서 기원

전 6천~5천 년 무렵으로까지 거슬러 올라간다.[1]

한민족의 조상들은 내몽골, 만주, 한반도에 걸쳐 부족사회, 부족국가 단위로 흩어져 살았으며, 처음 민족 단위의 국가가 성립되었을 때 '조선(朝鮮 ; 古朝鮮)'이라고 하였다. 그래서 한민족은 이 지역 북방민족의 한 구성원이었으며, 선비족, 거란족, 몽골족, 여진족과는 이웃해서 살았다. 그러므로 그 농경문화도 북쪽지방에서는 이 요하문명 농경문화의 하나로 출발하였다.

요하문명은 수천 년 동안 여러 단계에 걸쳐 발전하였는데, 해방 뒤 신생 중국이 국가사업으로 발굴함으로써 그 전모가 밝혀지게 되었다. 어느 문화단계에서나 농경문화의 흔적은 재배곡물과 돌 농기구〔石器〕로 드러났다.

드러난 신석기시대 곡물은 흥륭와(興隆窪)문화, 홍산(紅山)문화, 하가점(夏家店)하층문화에서는 수수, 조, 기장, 그리고 신락(新樂)유적(심양 북쪽 교외)에서는 기장이었다. 이 곡물들은 한랭 지대에서도 잘 자라고 일찍 여무는 밭작물이었다.

이들 곡물 가운데에는 경제작물 콩〔大豆 ; 菽〕이 보이지 않는데, 콩은 만주지역에 널리 야생하는 식물로(주 2의 梁家勉 편서 참조), 한반도의 남단 진주 평거동 신석기유적에서는 콩속 종자 등이 발굴되었고, 흑룡강성, 길림성 등지의 청동기시대 유적 여러 곳에서 콩이 조, 기장과 더불어 발굴되고 있는 점으로 보아, 이에 앞서 신석기시대의 요하문명 지역에서도 다른

작물과 함께 널리 재배하게 되었을 것으로 생각된다.

돌 농기구로는 돌도끼, 돌괭이, 돌보습[石耟], 돌호미, 돌자귀[石錛], 돌가래 또는 돌후치[石鏵], 갈돌 등이 있었다. 이때는 농경문화가 시작되던 때였으므로, 여기서는 돌도끼, 돌괭이 등 농지개발용 농구가 많이 발굴되었다. 농업기술이 발달함에 따라서 그 농구도 다양하게 발달하였을 것이다. 그리고 지역에 따라서는 후대에까지 오래도록 전통으로 남는, 화경(火耕)을 통한 개발도 널리 이용되었을 것이다.[2]

2. 한반도(韓半島)의 농경

요하문명과 거지반 시기를 같이 하면서는 한반도지역에서도 농경문화가 시작되고 있었다. 서포항유적, 궁산유적, 지탑리유적에서는 돌괭이, 사슴뿔 괭이, 사슴뿔 뚜지개, 돌보습, 갈돌 등이 출토되었으며, 좀 늦게 동삼동유적, 지탑리 유적에서는 재배곡물로서 조, 수수(AMS연대측정 3,360BCcal), 피 등도 출토되었다.

최근에 발굴된 옥천 대천리 신석기유적에서는 선사농경에 관한 지금까지의 이해를 넘어서 보리[大麥], 밀[小麥]이 발굴되었으며(기원전 3,500~3,000년, 방사선탄소 보정연대), 진주 평거동 신석기유적에서는 조, 기장, 콩속 종자[大豆], 팥속 종자[小豆] 등이 발굴되었다(기원전 약 3,000~2,700년 방사선탄소 보정연대). 그리고 고성 문암리 신석기유적에서는 상하 2층으로 구성된 이 시대 중기의 밭 유구(하층)가 발굴되었고, 그 시기가 약 5천 년 전(5,000±700 B.P.)으로 파악되고 있어서 이 무렵에 농경문화가 본 궤도에 오르고 있었음이 확인된다.

신석기인들의 농사는 처음에는 뚜지개농사, 괭이농사로 출발하였으나, 다음에는 호미농사 – 보습농사로 발전하는 것으로 이해되고 있다. 이때에는 개, 돼지 그리고 좀 늦게는 염소 등 가축도 길렀다.

한반도의 중부지방 이남에서는 벼농사[水稻作]도 행해졌다. 한강 중류 여주 흔암리에서는 기원전 1천 수백 년 전까지 올라가는 탄화미가 발굴되었으며, 한강 하류 일산 고양지역에서는 기원전 2천~3천 년 무렵의 재배벼 볍씨가 토탄층에서 발굴되었다. 그리고 더 연대를 올라가면, 청원군 오소리에서 1만 수천 년 전 중석기시대의 야생벼인지, 재배벼인지 논의가 많았던 볍씨가 토탄층에서 발굴되었다. 따라서 한반도의 원시인들은 이것이 야생벼일 경우 이를 원산지 재배벼로서 순화시켜 나갈 수가 있었다. 신석기시대의 한반도에서는 요하문명과도 연계되면서 점차 5곡과 벼농사가 널리 재배 발달하게 되었다.[3]

3. 홍산문화와 고조선(古朝鮮)과의 관계

요하문명의 여러 문화단계 가운데서도 고조선의 성립과 밀접한 관련이 있는 것은 신석기시대 중기단계 문화인 홍산문화였다. 그러므로 여기서는 이 문화와 고조선이 어떻게 관련되는지 살펴두는 것이 좋겠다. 그것은 한마디로, 그 문화의 동부지역 — 조양(朝陽)을 중심으로 한 대릉하(大凌河), 소릉하(小凌河) 상류지역에는 고조선(古朝鮮)이 성립되기 이전 그 계열의 한 부족국가(部族國家)였던 청구국(靑丘國 — 靑邱國)이 자리잡고 있었다는 점이다. 청구국은 고조선에 앞선 정치집단이었다. 그것은 중국의 사서인 《사기(史記)》에서 청구(靑丘) 청구국(靑丘國)을 설명하되,

靑丘國 在海東三百里 … 靑丘 山名 上有田 亦有國 出九尾狐 在海外[4]

이라고 주석하고 있는 것으로서 확인된다. 여기서 해동(海東)의 해는 발해만(渤海灣)을 뜻하며, 청구국은 중국의 동변에서 발해만을 거쳐 동쪽으로 300리 되는 곳의 청구(靑丘)라는 산언덕 구릉지대 — 구미호(九尾狐)가 나오는 바다 건너에 있었다는

것이었다. 홍산문화의 동부 중심지역을 일컫는 것이었다.

그러고 보면 홍산문화를 이끌어 온 주체는 청구국(靑丘國)을 비롯한 고조선 민족이었다고 할 수 있겠으며, 그 넓은 문화권의 동북지역 어느 지점엔가는 그 뒤 고조선을 건설하는 환웅족(桓雄族) 집단도 정착해 있었다고 하겠다. 그러므로 홍산문화의 문화적 특징으로 논의되는 동산취(東山嘴)와 우하량(牛河梁)의 여신묘(女神廟)도 그들이 남긴 산물이었다고 할 수 있겠다.

아마도 원시사회에서 문명사회로 넘어올 때 사회경제 수준이 아직 고도로 발전하지 못한 조건에서 이웃한 민족의 문명과 경쟁하려면 동류 부족집단들과의 결속이 필요하다고 판단한 데서, 청구국에서는 그들이 신앙하는 샤먼교(敎)의 하늘[天] 신앙, 천신(天神) 숭배를 위한 제단(祭壇 - 天壇)도 겸하여 정치집회소(政治集會所)를 마련하게 된 것이 동산취가 아니었을까, 그리고 그 제천(祭天)행사를 주관하는 천군(天君)의 임무를 맡았던 것이 치우(蚩尤)가 아니었을까 사료된다. 그리고 그러한 종교적, 정치적 집회를 운영하기 위해서는 그 행사에 어울리는 신녀(神女), 무녀(巫女)가 필요하였기 때문에, 그 신전(神殿)으로서 조성하게 된 것이 여신묘(女神廟)였으리라고 생각된다.[5]

홍산문화권 속의 청구국은 농경국가였다. 홍산문화의 농경구(農耕具)는 신바닥형의 돌보습[石耜]으로 유명하지만, 돌도끼[石斧], 돌자귀[石錛], 돌가래[石鍫], 맷돌[碾石], 어형(魚形) 돌칼[石刀], 삼각형 돌호미[石鋤], 버드나무 잎[柳葉形] 돌호미

〔石鋤〕가 다량 출토하고, 이밖에 홍산문화 해금산(海金山)에서는 전형적인 돌호미〔石鋤〕가 발굴되고 있어서, 홍산문화는 이른바 보습〔耜耕〕 농업, 호미〔鋤耕〕 농업 단계에 들어가 있었고, 따라서 그 민은 비교적 안정된 정착생활을 하는 가운데 농업생산을 발전시키고 있었던 것이라 하겠다.[6] 이 밖에 홍산문화에서는 옥(玉) 세공의 전문직이 발달해서 유명했다.

농업생산의 발전은 유통경제를 발전시키고, 사유재산제를 촉진하며, 신분계급을 형성시켜 나아가며, 정치권력을 등장케 하는 등 사회를 분화시키게 마련이다. 이 문화권에서 발굴된 적석총(積石塚) 석관묘(石棺墓)의 묘제가 몇 등급으로 분화되어 있었으며, 취락의 구성 또한 몇 등급으로 분화되어 있었던 것으로써 그같이 이해할 수 있다. 그리고 무엇보다도 청구국(靑邱國)이라고 하는 부족국가가 성립되고 있었음은 그 증거가 되는 것이라고 하겠다.[7]

4. 청구국(靑邱國) 발전의 좌절

청구국을 이같이 정리하고 보면, 고조선은 이 정치집단을 중심으로 적절한 시기에 성립될 수도 있었을 것으로 생각된다. 그러나 이때에는 국가 문명을 건설하려는 여러 민족들이 경쟁적으로 요하문명(遼河文明) 지역을 차지하려고 나서는 가운데 정치군사적 격동이 일어나고 있었다. 그런 가운데서도 청구국은 맨 먼저 공격의 대상이 되었기 때문에 계속적인 발전이 이루어지기 어려웠다.

이때의 정치 군사적 격동은 작게는 북방민족끼리의 충돌, 크게는 북방민족과 그 문명을 대표하는 치우(蚩尤 - 東夷계 민족의 가한이자 천군)와 중국민족과 그 문명을 대표하는 황제(黃帝 - 기원전 2,600년 무렵 인물)의 대결로서 전개되고 있었다. 이는 북방민족을 제압하려는 중국민족의 정복전쟁이고, 고대문명 성립 발전과정에서 요하문명과 중화문명의 충돌을 상징함이기도 하였다.

치우와 황제의 정치 군사적 격전장은 탁록(涿鹿)이었으나, 패전한 치우를 붙잡아서 잔혹하게 처형한 곳은 아래 주에서와 같이 치우의 출자(出自)지인 홍산문화 만기 단계의 청구국(靑邱國, 靑丘國)에서였다.[8]

그리하여 이 혼란 속에 요하문명권의 홍산문화와 그 문화주체였던 청구국(靑丘國)이 무너지고(홍산문화 우하량의 여신묘 여신상은 파괴된 상태로 그 유적지에서 발굴되었다), 하가점 하층문화와 그 문화주체(기원전 2,500~1,500년 무렵)가 등장하게 되었다.

■ 제1장의 주

1) 李澍田 主編·衣保中 著, 《中國東北農業史》, 吉林文史出版社, 1993 ; 안승모, 《東 아시아 先史時代의 農耕과 生業》, 학연문화사, 1998 ; 복기대, 《요서지역의 청동기시대 문화연구》, 백산자료원, 2002 ; 김영희, 〈新樂유적에 대하여〉, 《한국선사고고학보》 4, 1997 ; 우실하, 《동북공정 너머 요하문명론》, 소나무, 2007 ; 이청규·송호정·조진선·천선행·이종수 공저, 《요하문명의 확산과 중국 동북지역의 청동기문화》, 동북아역사재단, 2010.

2) 요하문명과 고조선문명의 관련에 관해서는 다음 연구들을 참고할수 있다. 한창균, 〈고조선의 성립배경과 발전단계 시론 – 고고학 발굴 자료와 연구 성과를 중심으로 – 〉, 《국사관논총》 33, 1992 ; 임효재 편, 《한국 선사시대 도작농경》(학연문화사, 2001)에서 임효재의 〈한국 선사시대의 농경〉, 최정필의 〈농경도구를 통해서 본 한국 선사농경의 기원〉, S. M. Nelson·이승민 역의 〈한국 선사시대의 사회정치적 발전과 농경과의 관계〉 ; 안승모, 주1의 논문 ; 김정배, 《고조선에 대한 새로운 해석》, 고려대학교 민족문화연구원, 2002 ; 송호정, 《한국 고대사 속의 고조선사》, 푸른역사, 2003 ; 우실하, 〈요하문명론과 한국상고사〉, 《2007년 상고사토론회》, 국사편찬위원회, 2007 ; 김용섭, 신정 증보판 《東아시아 역사 속의 한국문명의 전환 – 충격, 대응, 통합의 문명으로 – 》, 지식산업사, 2015(이하 이 책은 신정판 《한국문명의 전환》으로 약칭한다) ; 신용하, 《고조선 국가형성의 사회사》, 지식산업사, 2010 ; 박준형, 〈고조선의 성립과 발전에 대한 연구〉, 연세대학교 대학원 박사논문, 2012 ; 〈요서지역 청동기문화의 전개〉(한창균 엮음, 《요하문명과 고조선》, 지식산업사, 2015) ; 《동북아시아의 문명 기원과 교류》(단국대학교 동양학연구원 편, 2011)에 실린 최몽룡의 〈한국 문화기원의 다원성 – 구석기시대에서 철기시대까지 동아시아의 제 문

화 문명으로부터 전파 - 〉, 신숙정의 〈한국 신석기시대의 대외교류 시론〉, 하문식의 〈요동지역의 문명 기원과 교류〉, 미야모토 가즈오 (宮本一夫)의 〈일본열도의 문명 기원과 교류〉；李澍田 主編·衣保中 著,《中國東北農業史》, 길림문사출판사, 1993；梁家勉 主編,《中國農業科學技術史稿》, 農業出版社, 1989.

3) 사회과학원 력사연구소,《조선전사》1, 원시편, 과학백과사전출판 사, 1979；이현혜, 〈한국 고대의 농업〉《강좌 한국고대사》6, 가락 국사적개발연구원, 2002；지건길·안승모, 〈한반도 선사시대 출 토 곡류와 농구〉,《한국의 농경문화》, 경기대학출판부, 1983；안 승모,《東아시아 선사시대의 농경과 생업》, 학연문화사, 1998；임 효재 편,《한국 선사시대 도작농경》, 2001；손보기·신숙정·장호 수, 〈일산1지역 고고학조사〉,《일산 새도시개발지역 학술조사보고》 1, 1992；이융조·박태식·하문식, 〈한국 선사시대 벼농사에 관한 연구 - 고양 가와지 2지구를 중심으로 - 〉,《성곡논총》25, 1994； 이융조·우종윤 편,《제1회 국제학술회의；아세아 선사농경과 소 로리 볍씨》, 충북대학교박물관·청원군, 2003；한창균·김근완· 구자진,《옥천 대천리 신석기유적》, 한남대학교중앙박물관 한국고 속철도건설공단, 2003；이경아, 〈진주 평거동유적 출토 식물유체 분석 검토〉,《남강유역 선사, 고대 문화의 보고 평거동 유적》, 경남 발전연구원 역사문화센터 학술대회 자료집, 2013；국립문화재연구 소,《고성 문암리 유적 Ⅰ 발굴조사보고서》, 2013；국립문화재연구 소,《고성 문암리 유적 Ⅱ 분석보고서》, 2014.

4)《사기》권 117, 〈사마상여열전〉제57, 경인문화사본 3016쪽의 주 10.

5) 최동, 〈고대조선의 서방전초국가 - 청구국〉,《조선상고민족사》, 동 국문화사, 1968；윤내현, 〈고조선의 사회성격〉,《한국고대의 국 가와 사회》, 일조각, 1985；한창균, 주 2의 논문；김광수, 〈치우 와 맥족〉,《손보기박사 정년기념한국사학논총》, 지식산업사, 1988 ；신용하, 〈고죽국의 성립과 고조선 후국의 지위〉,《고조선단군 학》28, 2013；복기대,《요서지역의 청동기시대 문화연구》, 백산 자료원, 2002；한창균 엮음,《요하문명과 고조선》제2부 요하문명

을 찾아서(박준형 · 김정현 편, 〈답사 자료집 − 홍산문화 유적일대, 2013〉), 지식산업사, 2015 ; 김용섭, 〈고대의 농경문화와 고조선의 성립 발전〉, 《한국고대농업사 연구》, 지식산업사, 2017(이 글은 앞의 《요하문명과 고조선》에 실은 같은 글을 증보한 것이다).

6) 李澍田 主編 · 衣保中 著, 《中國東北農業史》, 吉林文史出版社, 1993 ; 姜馳芳 · 湯海清, 〈東北亞民族史前農業的起源與發展〉, 《黑龍江民族叢刊》, 1997年 第3期 ; 안승모, 《東아시아 선사시대의 농경과 생업》, 학연문화사, 1998.

7) 郭大順 主編, 《紅山文化》, 文物出版社, 2005(이종숙 · 조영란 · 모진석 역 · 김정렬 해제, 《홍산문화》, 동북아역사재단, 2007) ; 遼寧省博物館 編, 《遼河尋根 文明溯源 − 中華文明起源學術硏討會論文集》, 文物出版社, 2012.

8) ① 黃帝乃徵師諸侯 與蚩尤 戰於涿鹿之野 遂擒殺蚩尤(《史記》卷1, 〈五帝本紀〉)

    ② 靑丘國 在海東三百里 … 靑丘 山名 上有田 亦有國(《史記》卷 117, 〈司馬相如 列傳〉, 주 4와 같음)

    ③ 蚩尤 出自羊丘* … 黃帝 殺之於靑丘(《廣博物志》卷9)

    ④ 黃帝 … 使力牧神皇 直討蚩尤氏 擒于涿鹿之野 使應龍殺之于 凶黎之谷 谷一作邱(《欽定日下舊聞考》卷2)

    ⑤ 蚩尤 出自芊水* … 黃帝 殺之于靑邱(《欽定日下舊聞考》同上)

    * 羊丘는 靑丘의 별칭, 芊水는 초목이 우거진 대능하, 소능하의 강의 별칭. 참고문헌은 주 5의 논문들을 참조. 중국의 요하문명 홍산문화에 대한 연구동향은 이른바 동북공정의 논리와도 관련되는데, 특히 다음의 두 토론집이 참고된다. 郭大順 主編 , 《紅山文化》, 文物出版社, 2005(이종숙 · 조영란 · 모진석 번역/ 김정렬 해제, 《홍산문화》, 동북아역사재단, 2007) ; 遼寧省博物館 編, 《遼河尋根 文明溯源》, 文物出版社. 2012.

제2장 고조선의 성립·발전과 고대적 농업
국가체제의 확립

도론 : 농업생산의 발전과 국가체제의 재정비

　생산경제 단계에서 농경과 그 문화의 진전은 여러 방면으로 정치·경제·사회 변동을 초래하였다. 생산 활동에서 농업과 수공업의 분리, 교역의 상례화와 화폐의 사용, 소가족 농민의 자립적 성장과 분해, 이에 따른 빈번한 정복 활동 등이 그런 것이었다. 이 가운데 교역과 정복은 빈부의 차이, 지배자와 피지배자 사이의 간극을 갈수록 심화시키고 확대시켜 갔다. 그리고 이에 따라 사유재산과 신분지위가 확장되었고, 이는 다시 정치권력을 형성시켰다.

　정치권력의 형태는 지역과 시간에 따라 선진·후진이 있었고, 같은 선진·후진 지역 안에서도 서로 간의 사회발전 정도에 차이가 있었다. 여러 단계의 사회가 시간상, 공간상 병존하였던 것이다. 이러한 차이는 농업생산이 한층 발달하고 사적 소유제와 신분계급제가 사회적으로 고착됨에 따라 더욱 심화되었고, 국가형성의 선후와 권력편제의 상하로 이어졌다. 이런 가운데서 농촌공동체로서 성장·변동하고 있던 사회는 읍락

(邑落)·국읍(國邑)·소국(小國)·국(國) 등으로 진전·발달하여, 사회·경제·정치상의 여러 구성과 조직을 편성하면서 부족국가를 넘어서는 연맹체국가 단계로 나아갔다. 각종 각급의 부족연맹체국가의 등장 그리고 고조선 단군 정권의 국가건설은 이런 단계의 소산으로 이해할 수 있다.

고조선은 당초 연맹체 국가로서 출발하였다. 이 장에서는 이를 성립시킨 정치세력과 지역, 그 대표로서 단군정권의 수립과 농업생산체계, 생산발전에 따른 사회정치적 갈등과 그 구조 등을 살핀다. 그리고 이 문제를 수습하는 과정에서 나타나는 모순구조의 심화와 그 대책 마련 속에서 정변을 통해 대두된 기자정권의 등장과 농업구조의 새로운 체계 – 재정비 등을 정리하고 추정하여, 고조선의 건설·전환·발전·귀결 등을 농업과 사회구성에서 조망한다.

1. 고조선을 세운 두 정치세력

황제(黃帝)의 치우(蚩尤)에 대한 정복전쟁으로 홍산문화, 청구국문화는 무너졌고, 고조선계의 정치세력들이 청구국을 통해서 국가를 건설하기는 어렵게 되었다. 그러나 그들이 이 시점의 요하문명권에서 살아남기 위해서는 국가를 건설하여 더 큰 정치집단을 이루지 않으면 안 되었다. 그리고 그러기 위해서는 홍산문화권에만 집착할 것이 아니라, 이를 벗어나서 새로운 발상, 새로운 구도의 국가를 건설할 것을 계획하는 것이 필요했다.

《삼국유사》의 고조선 개국에 관한 기술에 따르면, 이 같은 발상을 하고 계획을 세워 국가를 건설해나간 두 주역은 서자족(庶子族) 진국(辰國) 집단과 환웅족(桓雄族) 집단이었다. 그 가운데서도 국가건설의 산파역을 자임하고 나선 것은 서자족 진국집단이었다. 아마도 그들은 본디 동족이었을 것이나 오랫동안 헤어져서 살아왔기 때문에, 후대에는 서자족은 예족(濊族) 예국(濊國) 계통, 환웅족은 맥족(貊族) 맥국(貊國) 계통으로 구분되거나, 또는 합해서 예맥족(濊貊族), 예맥국(濊貊國)으로 부르게도 되었다. 홍산문화 지역의 환웅족집단이 황제의 치우 정벌과 하가점 하층문화 주체세력의 흥기 등으로 어려운 처지에 놓이게 되자 다시 하나로 결합할 것을 계획하게 된 것이었다.

서자족(庶子族)은 북극5성(北極5星) 가운데 제3성＝서자(庶子)별을 자기 집단의 상징별이자 이름으로 삼고 있는 집단이었으며, 나라 이름도 북극성의 다른 이름인 북신, 북진(北辰)에서 辰을 취하여 진국(辰國)으로 하고, 북두칠성(北斗七星)족 집단들의 지역에서 하나의 연맹체 국가를 형성하고 있는 정치세력이었다. 그들이 정착하고 있던 지역은 요하(遼河)의 동쪽 요동(遼東) 평야의 요양(遼陽)이었으므로, 요서(遼西) 지역에서 전개되고 있는 정치군사적 정세에 관해서는 정보가 소상하여 비상한 대응조치를 취하게 되었던 것이라고 하겠다.

환웅족(桓雄族)은 천체 운영에서 가장 영향력이 있는 해〔日·太陽〕를 자기 부족집단의 상징별이자 이름으로 삼고 있는 정치집단이었다. 그들이 정착한 곳은 요하(遼河)의 서쪽 요서(遼西)지역의 홍산문화권 산림(山林) 지대였다.

2. 단군정권(壇君政權)의 수립과 농업생산의 기획화

1) 고조선 단군정권의 수립

국가건설에 관하여 비상조치를 취했다고 함은, 고조선을 건설할 여러 부족집단들이 의논하여 환웅족(桓雄族) 집단을 동쪽으로 이동시켜 태백산(太伯山 – 지금의 묘향산)에 정착시키고, 환웅(桓雄)을 천왕(天王) 천군(天君)으로 추대하여 나라를 세우게 되었다는 점이다. 그는 풍백(風伯), 우사(雨師), 운사(雲師)를 장관으로 거느리고, 여러 부족집단의 여론도 참작하는 가운데 그 정치조직을 초기 연맹체국가 단군조선 단군정권으로 건설할 것을 목표로 하였다. 그러므로 처음에는 국호(國號)도 없이 나라의 정치를 운영하였다. 국호를 조선(朝鮮)으로 정한 것은 단군왕검(壇君王儉)이 탄생하고 도읍을 평양(平壤)으로 정하면서 부터였다. 이러한 사정은 《삼국유사》의 고조선 관련 기사로 살필 수 있지만, 고구려의 〈장천 1호분 천장 별그림〉을 보면, 고구려인들은 단군정권을 하늘의 별들의 구도와 같은 인간사회 부족집단들의 꽉 짜여진 조직체로서 파악하고 있었음을 엿볼 수 있다.[1]

2) 국가운영 정치운영의 체계

그동안 환웅은 강력한 권력을 갖는 천왕(天王), 천군(天君), 천가한(天可汗 : 텡그리 가한)으로서, 신정(神政) 신권(神權)정치를 함으로써 국가운영의 시범을 보였다. 그리고 다음에 보는 바와 같이 국가운영, 정치운영의 체계를 세웠다.

국가운영, 정치운영 체계

① 주곡(主穀)
② 주명(主命)
③ 주병(主病)
④ 주형(主刑)
⑤ 주선악(主善惡)
⑥ 범주인간삼백육십여사(凡主人間三百六十餘事)[2]

이러한 국가운영, 정치운영의 체계 가운데서도 이 장의 주제와 관련하여 특히 주목되는 것은 ① 주곡(主穀), ② 주명(主命), ④ 주형(主刑) 등의 조항이다. ①항은 농업생산 농정운영에 관한 문제를 주관하는 것으로, 이를 맨 앞에 내세운 것으로 보아 단군조선이 지향하는 바는 농업국가의 건설이었음을 밝힌 것이라 하겠다. ②항은 정령(政令), 교령(敎令) 등 국정운영에 관한 여러가지 영(令)을 주관하며, ④항은 민이 이 명령을 어겼을 때의 처벌을 주관하였다. 아마도 이 ②, ④ 두 조항은 훗날 기자정권의 '8조의 금법'으로 조정, 계승되었을 것이다.

고조선 단군조선의 국가건설은 환웅 대에 이루어졌지만, 앞에 언급한 바와 같이 정식 국호는 그 아들 단군왕검(檀君王儉) 대에 이르러 "조선(朝鮮)"이라 하고, 정치를 단군정권으로서 운영하였다. 단군정권의 정치는 환웅천왕이 설계한 국가건설의 계획에 아무 언급이 없는 점으로 보아, 환웅과 마찬가지로 강력한 권력을 갖는 천왕·천군정치, 신정·신권정치로서 행하였던 것으로 이해된다. 그것은 단군(檀君)이란 용어의 의미가 천단(天壇)에 올라 하늘에 제사를 올리는 천군(天君)이란 뜻으로 풀이될 수 있음에서도 그같이 이해된다.[3]

부족사회 부족국가·읍제(邑制)국가들은 그 말단 행정체계를 큰 규모의 농촌공동체(農村共同體)·읍락(邑落)으로 일원화하고 그 정치를 일사불란하게 운영하였다.

3) 농업생산의 기획화

국가를 안정적으로 운영하고 유지하려면 경제기반인 농업생산의 기반이 탄탄해야만 하였다. 고조선 단군정권에서는 환웅천왕이 세워 놓은 국가건설의 계획, 정치운영 체계에 따라, 주2에 열거한 바와 같이 ① 주곡(主穀), 곧 농업생산의 개발·발전을 여러 가지 정책목표 가운데서도 제1목표로 내세우고 있었다. 이 시기에는 농업생산을 개발·발전시키고 식량생산을 증진하는 문제가 최대의 과제였다.

그러나 자연환경이 열악한 지역에서 농경문화가 처음으로 시작되었을 때, 농업을 식량생산을 위한 하나의 산업으로까지 육성해나가는 것이 기술적으로 쉬운 일일 수는 없었다. 그러므로 이 일을 위해서는 그러한 문제에 관한 경험과 식견이 많은 농업 전문가 집단이 필요하였다. 고조선의 건설에는 정치 집단으로서 서자족[主五行]·풍백·우사·운사족 집단이 등장하는데, 이들은 그 명칭에서 짐작되듯이 당시로서는 산업·경제정책 전반에 관한 전문가 집단이었다. 농업생산에 관한 전문가의 경험과 식견 연구를 통해서 국가 전체의 농업생산을 계획화하고 발전시키고자 하는 것이었다.

이때 단군정권의 농업정책은 농업의 선진지역과 후진지역의 경제사정을 다 참작하는 가운데, ① 정부와 부족국가 차원에서는 큰 틀로서 농업생산의 개발·발전을 계획 추진하고, ② 부족민 농업공동체 농촌공동체 성원의 경제안정을 위해서는 그 동안 시행해 온 농업공동화 이념을 일정하게 개혁 조정하되 계속 추진해나가며, ③ 그러나 이 두 측면의 농업정책은 선진지역에서 이미 경험한 바와 같이 상충되므로, 정부차원에서 이를 부족국가와 의논하고 조정해 나간다 등이었다.

①의 정책은 국가경제 전반의 차원에서 국가 전체의 농업구조를 큰 틀로서 조직하고 설계하되, 부족국가 단위, 지역 단위로 그 부족국가의 칸들의 주도 아래 그 지방에 적합한 농업생산을 적극 개발, 발전시키려는 정책이었다. 그 지방을 이끄는 칸들의 능력에 따라 그 성과에 큰 차이가 날 수 있었다. 이 경우 농경문화에 적합하지 않은 지방의 민은 하천유역의 농경에 적합하고 기름진 지역으로 이주시키기도 하고, 새로운 밭을 개발하기도 하며, 새로운 농촌 읍락을 구성하기도 하였을 것이다. 서자족 진국집단의 요동〔遼陽〕지방의 농경을 단군의 농정책으로 본 이승휴가 그 의의를 '민이 밭을 갈고 샘을 파서〔耕田鑿井〕 농사하며 국가의 법질서를 지키는 민이 되게 하였다〔禮義家〕'고 한 구절은 그러한 사정을 표현한 것으로 짐작된다.[4]

그리고 ①의 정책으로 농업선진지역에서는 농업생산이 발전하더라도, 그 농업공동체 농촌공동체 구성원들은 상하로 분화되는 가운데 몰락민은 경제사정이 어려웠기에 그에 대한 대책이 필요하였다. 그리고 농업후진지역에서는 ①의 정책을 추진하더라도 큰 성과를 거두기 어려웠기 때문에 부족민 전체 농업공동체, 농촌공동체 구성원들은 경제사정이 어려웠다. 그러므로 단군정권은 이들 전체의 경제안정을 위해서는 국가차원의 ②의 정책, 곧 부의 배분정책, 농업공동화 방안이 여전히 필요하다고 보는 것이었으며, 따라서 ①, ②의 양자를 종합해 나가고자 하였다.

이는 단군정권의 농업정책이 갖는 특징이기도 하고, 그 정책이 그대로 시행되기 어려운 난점이기도 하였다. 아마도 그 정권에서는 농업선진지역의 농업발전에 따르는 경제사회의 분화 변동에 크게 자극되었으므로, 이 정책은 계속 시행되어야 한다고 재확인하였던 것이 아닐까 짐작된다.

그러면서도 농경문화 농업생산이 발달하면 그 경제사회에서는 민의 빈부격차가 벌어지고, 신분계급이 발생하며, 그들 신분계급 사이의 갈등이 발생하는 가운데 사회모순이 심화되게 마련이었다. 그러므로 단군정권은 이러한 문제에 대비하는 차원에서도 민의 경제안정 문제를 진지하게 추구하되, 이를 국가의 농업 개발 발전정책과 상충되지 않는 범위에서 대책을 세우지 않으면 안 되었다. 이는 결국 농업정책의 두 흐름을 민의 입장에서 절충해 나가는 방안이 아닐 수 없었다.

단군정권은 그들의 오랜 농업생산 경제생활의 역사적 경험, 특히 씨족공동체 시절의 농업공동체의 경제이념―농업공동화(農業共同化)방안을 시세에 맞게 개혁하고 조정함으로써, 농업생산도 발전시키고 경제생활도 안정시키는 새로운 방안을 마련하였다.

《삼국유사》에서는 이때의 고조선 농업정책을 "홍익인간(弘益人間)"으로 표현하고, 이것이 국가건설의 이념이었던 것으로 제시하고 있었는데, 이는 이유 있는 적절한 표현이었다고 생각된다.[5]

그럴 경우 정부는 농업선진지역 — 서자족 진국집단 지역에서는 일찍부터 시행하고 있는 농촌공동체(農村共同體)의 방안을 수용 조정하여 시행하되, 농업개발에 참여한 농업공동체, 농촌공동체 구성원들에게 일정면적의 농지를 분급 소유(所有 ; 私有)케 하며 농업생산 개별화(個別化)도 허용하는, 새로운 농업공동화 규정을 농촌공동체(農村共同體) 규정으로서 마련하였을 것으로 사료된다.

고조선의 수도였던 평양에는 옛날부터 기자정전(箕子井田)의 유구로 알려져 있는 유적이 있었는데,[6] 이는 중국에서 왔다고 하는 기자가 마련한 은(殷)나라의 정전(井田), 즉 은전(殷田)의 유적이 아니라, 단군정권이 농업개발과 경작지 분급 정책을 시행하면서 고성 문암리 경지유적에서 볼 수 있었던 바와 같은 밭을 개발 조성하고, 여러 부족국가들이 이를 보고 따라 할 수 있도록 농지개발과 농지분급의 시범으로서 표본을 마련하여 전시하였던 것으로 보면 자연스럽겠다.

3. 농업생산의 발전과 사회정치적 갈등구조

1) 부족사회 부족국가의 농업발전

단군정권의 중반기(기원전 2천 년 중반)가 되면, 그동안의 국가차원의 이런저런 계획 정책에 힘입으면서 각 지역 부족사회, 부족국가의 농업생산이 새로운 농촌공동체의 규정에 따라 크게 발전하였다. 특히 농토가 기름진 지역의 선진 부족사회에서는 그 발전이 뚜렷했다. 부족사회들은 그 처한 지역에 따라 지역차가 있었지만, 전반적으로 농업생산이 향상되었다.

더욱이 기원전 15~14세기 무렵에는 동아시아 요하문명권에 다시 정치적·군사적 격동이 일어남에 따라 그 문명권의 하가점하층문화와 그 문화주체가 무너지고, 하가점상층문화와 그 문화주체가 교체되고 있었다.[7] 강성한 힘을 지니고 있는 북방민족들은 요서의 요하문명지역을 차지하고자 끊임없이 투쟁을 하고 있었다. 그러므로 만주지역 고조선의 부족사회, 부족국가들은 긴장하였고, 홍산문화와 그 문화주체가 무너질 때와 마찬가지로 그에 대한 대책을 세우지 않으면 안 되었다.

그 대책은 농업생산을 더욱 증진시킴으로써 국력을 키우는 일이었다. 이 시기는 정치적·군사적 요청에 따라 농업생산이 크게 발전하지 않으면 안 되는 시기였다. 그런 가운데서도 농경문화 발전의 입지조건이 좋은 선진지역의 부족사회, 부족국가들은 그렇지 못한 지역에 견주어 자신의 종전의 성장보다 한층 더 높은 차원으로 농업생산을 증진시킬 수 있었다.[8]

2) 농업생산 발전정책의 문제점

어려운 시기에 농업생산을 성장 발전시킬 수 있었음은 다행한 일이었다. 이때는 각 부족국가들이 농업생산의 개발 발전정책을 새로운 농촌공동체의 규정에 따라 적극 추진해온 결과, 농지사유제(農地私有制)가 더욱 발달하고, 농업생산의 증진과 관련하여 잉여의 축적과 신분계급사회(身分階級社會)가 더욱 확고해지고 있었다. 그리고 그 사회변동을 바탕으로 하여서는 부족국가(部族國家)들의 국력 권력이 또한 더욱 성장 강화되었다.

이 시기 부족국가들의 농경문화 농업생산의 개발 발전정책은 이때의 사회발전, 국가발전, 역사발전을 추진하는 동력이 되고 있었다.

그러나 이때의 부족사회, 부족국가의 지도층 칸들이 추구한 농업생산 발전방향은, 그들 모두가 그러한 것은 아니었겠지만, 후대의 사회분화의 현상으로 보아, 그 시대 분위기의 관점에서 그 부족민 농촌공동체 읍락사회의 민에게 농업정책의 두 흐름

가운데서도 개발, 발전정책만을 특히 강조하고 독려하는 것이
었다. 선진 지역의 부유한 부족사회, 부족국가에서는 더욱 더
그러하였을 것으로 이해된다. 농지사유(農地私有) 개별(個別)
경영의 허용은 그 발전의 기폭제가 되었다.

그러한 점에서 그 농업생산 발전정책과 이로써 달성한 그동
안의 성장 발전에는 일정한 한계와 문제가 있었다고 하겠다.
이미 지적한 바와 같이 단군정권이 건국 초기 이래로 그 국가
의 농업정책, 농정이념으로서 내세운 바는 농업생산의 발전과
공동체 성원의 경제안정 즉 농업공동화의 이념을 모두 실현하
려는 것이었는데, 그들이 추구하고 달성한 성과는 이를 모두
충족시켜 주는 것이 아니었다는 점에서이다.

그 성과는 농업공동화의 문제, 부의 균형 있는 배분 문제는
제외되고, 특정 사회계층·지배층의 이익이 될 수밖에 없는 개
발·발전의 문제 — 농지의 사적소유권 확대 — 만을 주로 추구
한 것이었다. 그들의 농업정책의 발전방향은 그들 민의 일부를
위해서 다른 일부를 희생하는 것이 되고 있었다. 일부 부족사
회 부족국가들은 단군정권의 농업정책, 농정이념을 따르지 않
았고, 이에서 이탈하고 있는 것이었다.

3) 사회 정치적 갈등구조의 조성

부족국가들의 농업생산의 성장 발전은 결국 사회에 사회·정

치적 갈등구조를 조성하지 않을 수 없었다. 그 갈등구조는 두 측면으로 조성되고 있었다.

그 하나는 지배층 내부의 경제정책, 농업정책을 중심으로 한 상충하는 견해와 갈등 대립이었다. 이 경우 그것은, 성장과 발전을 효과적으로 달성하고 있는 풍요한 지역의 부족국가에서 그 국력이 강대해지면서 그렇지 못한 척박한 지역의 부족국가와 이해관계의 차이에서 오는 갈등을 초래하고 있었다. 이러한 정치사회의 갈등 대립은 이 시기에 조성된 요동(遼東)지역의 고인돌무덤 제단(支石墓, 石棚)에 잘 반영되고 있다. 고인돌무덤은 선사시대에서 역사시대로의 전환기를 상징하는 기념물이었는데, 선진지역의 풍요로운 부족국가 - 서자족 진국집단 - 에서는 그 무덤 제단을 거대하고 웅장하게 조성하는 가운데 - 해성, 개주 지역 -, 그렇지 못한 지역에서 조성하고 있는 소규모의 고인돌무덤 제단을 압도하고 있었다.[9]

그리고 선진지역 부족국가들의 성장과 발전을 추구하는 정치 경제상의 견해와 연맹체국가 단군정권의 농촌공동체 성원 전체의 경제안정, 농업공동화를 추구하는 농정이념이 상충되고도 있었다. 이러한 정국 속에서 농지가 상대적으로 척박하고 농업발전이 부진한 지역과 환웅족 단군정권계의 부족국가들은 단군정권과 보조를 같이 하였다.

다른 하나는 읍락사회 농촌공동체 내부에 민의 갈등구조가 조성되고 있는 일이었다. 부족국가들이 개발 발전을 추구하는

정책 속에서 그 읍락사회 농촌공동체의 성원들 또한 그 정책에
따라 농지개발, 농업생산에 열중하게 되고, 따라서 그 개발 발
전의 방법과 능력에 따라서는 농지점유와 소유에 차이가 나고
빈부의 격차가 벌어지게 되었다.

읍락사회 농촌공동체 내부에 전통적으로 내려오는 농업공동
화 이념의 실현을 요구하는 성원과 공동체 성원의 개별적 사적
농업발전을 추구하는 성원의 욕구가 상충하게 되었다. 농업공
동화의 이념을 최소한으로나마 유지하고자 하였던, 농촌공동
체의 질서가 점차 내부로부터 빈부의 격차로 이완되어 나갔다.

4) 갈등구조의 심화와 대책의 요청

이는 단군정권 후반기 농업체제상의 사회적 모순구조였다.
선진지역의 부족국가들은 농업발전을 계속 추구해 나가면서
단군정권의 농정이념에 불만이었다. 신분 계급을 중심으로 한
사회질서, 정치사회가 더욱 확고하게 조성되고, 강자와 유산자
위주의 견해가 세론을 이끌어 나갔다. 그런 가운데 기상조건의
악화로 기근이 빈발함으로써, 부족국가들의 농업생산, 농업발
전에 차질이 많았다. 읍락의 민은 굶주림에 시달렸다.[10]

국가를 안정적으로 유지하고 발전시키기 위해서는 국가 차원
의 비상대책이 요청되었다. 그러나 단군정권은 부족국가들에게
부의 배분을 잘 하여 민을 구제하라는 지령[令]은 거듭 내렸을

것이나, 이 문제를 해결할 수 있는 적절한 방안을 찾지 못하고
있었다.

그러므로 부족국가들과 단군정권 사이의 갈등은 깊어지고,
부족국가들은 이를 힘으로 해결하고자 하는 그들만의 대책을
강구하게 되었다.

4. 기자(箕子)정권의 정변과 고대적 농업제도

1) 부족국가들의 농업문제 수습책 : 정변

단군정권 후반기의 농업 농정문제를 둘러싼 사회정치적 갈등
구조는 단군정권이 타개해야 할 과제였다. 그러나 단군정권은
이때 이를 적절하게 해결하지 못함으로써 정권 존망의 위기에
몰리게 되었다. 부족국가들은 이 문제를 단군정권과는 다른 입
장에서 수습하고자 결심하고 나섰다.

부족국가들의 농업문제 수습책은 단군정권의 농업정책 안에
서 수습하려는 것이 아니었다. 이를 계기로 우유부단한 단군정
권을 축출함으로써 정권을 교체하고, 그 국가 농업체제까지도
그들이 구상하는 발전 위주, 지배층 유산자 중심의 고대적(古代
的) 농업체제로 변혁함으로써 새로운 국가를 건설하려는 것이
었다.

그들은 정권교체, 체제변혁을 구상하고 있었다. '구부여속 (舊夫餘俗)'으로 전해오는, 부여지역의 선주민, 즉 고조선 사람들의 옛날부터의 정치 관행을 단군정권에 대하여 실천에 옮기려는 것이었다. 정변(政變)이고 혁명(革命)이었다.

'구부여속'이란, 부여지역에서는 옛날부터 '홍수와 가뭄[水旱]의 기후가 고르지 않아 오곡(五穀)이 잘 여물지 않는 흉년이 들었을 때는 그 허물을 통치권자인 칸의 실정으로 돌리고, 책임을 물어 그 칸을 바꾸라거나[當易] 죽이라고[當殺]' 성토하고 탄핵하는 일이었다.[11]

2) 기자조선 기자정권의 등장

기자조선의 성립에 관해서는 여러 견해가 있지만,[12] 필자는 농업사 연구의 관점에서 농경문화가 발전하고 그 생산력이 발전하면 사회의 모순구조 – 신분계급적인 이해관계가 또한 심화되므로, 정치운영에서는 이를 타개하지 않으면 아니 되었다는 점을 염두에 두면서 작업을 진행하였다.

그리하여 기자조선, 기자정권은, 앞에서 언급한 바와 같이 단군정권의 농업정책을 통해 부족국가들의 농업생산이 발전함에 따라 모순이 구조적으로 심화되는 가운데, 결국 이 모순 구조를 정변을 통해 타개함으로써 등장하게 되었던 것이라고 필자는 이해하고 있다. 그 시기는 상(商) 주(周) 교체기, 기원전

11~10세기 무렵으로 추정된다.

《삼국유사》의 찬자 일연이 고조선 조항에서 말하기 어려운 정권교체 정변을 말하되, 단지 '주호왕이 즉위 기묘에 기자를 조선에 봉하였다 ― 고죽국 지역 ― '고만 하였음은 고조선 안에서 일어난 정권교체의 시기를 암시적으로 표현하고자 함이었던 것으로 보인다.[13]

여러 부족국가의 칸들이 고조선 ― 단군조선 건국의 중심세력이었던 서자족(庶子族) 진국(辰國) 집단의 칸을 고조선을 대표하는 기자가한(箕子可汗 : 게세르 가한)으로 떠받들고 단행한 정권교체였다. 서자족 진국집단은 만주의 한복판 요동지역 ― 요의 동경(東京) 요양부(遼陽府) 지역―에 자리 잡고, 농경문화, 농업생산을 가장 잘 발전시키고 있던 국가였다.[14]

이 지역은 북두칠성(北斗七星)족 집단들의 지역으로서, 고조선 안에서도 최대의 정치세력 핵심세력이 서자족 진국(辰國)집단의 휘하에서 정국을 운영하고 있는 곳이었다. 그러므로 정권교체를 일으키는 정변은 외형상으로는 풍백(風伯)장관 주도 아래에 공적으로 추진되었을 것이나, 아마도 그 계획은 이들 북두칠성(北斗七星)족 집단들의 정치세력 주도 아래 내밀하게 구상되고 추진되었던 것이 아닐까 생각된다. 정변에 이어서는 정치ㆍ사회ㆍ경제상의 체제변혁, 체제정비 과정이 뒤따랐다.

3) 반(反)정변의 정치세력

말할 것도 없이, 이 정변에 모든 부족국가들이 다 동의하고 참여한 것은 아니었다. 환웅(桓雄)족 단군정권 계열의 맥족(貊族), 추족(追族) 등 몇몇 부족국가들은 이에 동조하지 않았고 그 대열에서 이탈하였다. 그리고 그들의 원 고향인 서요하 상류의 변방 요서지역 - 요하문명 홍산문화지역 - 으로 유망하였다.

이들은 서자족 진국집단에 견주어 농업생산 산업이 상대적으로 덜 발달하고, 경제정책 농정이념에서 그들과 견해를 달리하며, 단군정권의 경제정책과 농정이념을 지지하는 부족국가들이었다.[15]

그곳 난하(灤河) 유역에는 그들의 동료국가 고죽국(孤竹國)이 그 지역 관리자로서 잔류하고 있었으므로, 의지가 되었을 것이다. 이들은 오랜 세월이 지난 뒤, 기자정권이 쇠망하자 국가재건을 위해서 돌아와 부여와 고구려를 건설한다.

4) 기자정권의 체제정비 : 고대적 농업제도 확립

정변으로 정권을 장악한 기자정권의 귀족들과 부족국가의 칸들은 환웅 단군정권이 세운 국가체제 전반을 개혁하여, 그들이 생각하는 고대국가(古代國家) 체제와 고대의 농업제도(農業制

度)를 분명하게 확립하려 하였다. 그 요점은 대략 다음과 같이
정리할 수 있다.

① 정치 : 환웅 단군정권의 천왕 천군의 신정 신권정치를 폐하
고, 칸들의 합의제 귀족정치로 개혁하였다.

② 사회 : 중앙귀족과 칸들의 신분을 기준으로, 귀족신분에서 노
예신분에 이르는 수직형의 고대 노예제적 신분구성, 사회구성
을 확립하였다. 이는 순장(殉葬)제를 동반함으로써 고대 동방형
의 노예제사회를 이루게 하였다.

③ 경제 · 농업 : 기자정권의 귀족과 칸들이 정변을 일으킨 원인
은 그들의 농업정책과 단군정권의 농업정책 농정이념이 상충하
는 데 있었는데, 이제 그들은 정권교체를 성취하였으므로, 그
들의 개발, 발전, 성장 위주의 농업정책, 농지의 사적소유와 개
별 경영을 마음껏 정면으로 내세울 수 있게 되었다. 여기에 그
들은 대토지소유자(大土地所有者)로서 농민을 노예와 같이 부
리고, 노예제사회를 당당하게 운영해 나갈 수 있게 되었다. 부
의 균형 있는 배분은 사실상 폐기되었다.

④ 읍락사회의 재편성 : 이 같은 체제정비의 원칙은 농촌공동체 읍
락 사회에도 그대로 적용되었다. 농촌공동체의 민이 철저하
게 위 아래로 분화되면서 고대 호민(豪民) 지배의 사회, 동
방형 노예제 사회로 재편성되었다. 농촌공동체의 기능이 고
대 국가의 행정촌락으로 변모하게 되었다.[16]

5) 기자정권의 농업생산 증진책

기자정권에서는 농업생산을 안정적으로 증진하고자 여러 가

지 방안을 마련하였다.

(1) 농경기술의 개량 발전 – 우리경(牛犁耕)

이 시기의 부족국가들은 농업생산 증진책으로서 다음과 같은 농경기술을 계속 개량 발전시켜 나갔다. 이는 농업발전을 위한 기본조건이었다.

① 괭이농업 중심에서 보습농업, 갈이농사 중심으로 이행하였다.
② 이를 바탕으로 목제 농구인 나무괭이, 나무삽, 그리고 나무 후치를 제조하여 인력경(人力耕) 또는 우경(牛耕)에 이용하였 다. 이를 바탕으로 뒤에는 우리경(牛犁耕)이 등장하게 된다(주 17의《齊民要術》참조).
③ 이 시기 중반쯤부터는 철기(鐵器)가 사용되고, 무기제조와 철 제 공구, 철제농구(鐵製農具)도 제조되기 시작하여 산업발전, 농업 발전을 촉진시켰다.
④ 5곡 재배가 발달하고, 이때에는 한반도뿐만 아니라, 만주의 남부〔大連〕에서도 벼를 재배하게 되었다.
⑤ 이 시기에는 소, 말, 양, 돼지 등의 가축 기르기가 농업생산 과 병행됨으로써 농업생산이 새로운 단계로 들어가고 있었다.[17]

(2) 민의 저항에 대한 대비책 – '8조 금법'

부족국가들이 정변으로 단군정권을 몰아내기는 하였지만, 단군정권이 농업정책으로서 내세웠던 농업공동화의 이념을 읍락사회, 농촌공동체 사회에서 일소하는 것이 쉬운 일일 수는 없었다. 이 문제는 읍락사회의 가난한 민의 생존문제와 직결되는 일이기 때문이었다. 이와 관련해서는 그 민들의 지배층에 대한 이런 저런 형태의 저항도 적지 않았을 것이다.

위에 언급한 '8조 금법'은 이러한 민의 저항에 대한 대비책이자, 기자정권이 부족국가들과 결속하여 그들을 통제하기 위한 사회정책으로서 조정 강화한 법이었다고 보면 자연스럽겠다.[18]

(3) 농업생산의 독려와 회유, 그 결과

부족국가들이 그들의 정책목표를 달성하기 위해서는 읍락사회, 농촌공동체 사회에 농업생산을 독려하고 감독하는 지휘체계를 세우지 않을 수 없었을 것이다. 부족국가의 권력체계와 연결되는 호민(豪民)층이 이 임무를 맡도록 임명되었을 것이다. 그들은 많은 노예소유자이기도 하였으므로, 공적인 농업생산 독려가 그 자신의 농장개발을 독려하는 바가 되기도 하였다.

그리고 읍락사회의 민을 설득하고 회유하기 위한 대책도 세웠을 것이다. 그것은 읍락사회의 농촌공동체 성원에게 그들이 과거에 분여받은 농지 외에 개인적으로 농지를 개발한 바가 있으면, 그 개발한 농지의 소유권(所有權)도 인정해주는 일이었을 것이다. 이때는 농지의 사적 소유가 농촌공동체의 규정 법으로 인정되고 있었으므로, 이는 활동적인 민에게는 고무적이었을 것이다.

그 결과 이러한 정책에 적극 호응하고 이를 기회로 삼은 읍락사회의 호민(豪民)층과 활동적인 민(民)은 많은 가난한 하호(下戶)[19] 농민을 배출시키면서, 대토지소유자(大土地所有者) 대농장주(大農場主)와 중소토지소유자(中小土地所有者) 자경농(自耕農)으로 성장할 수 있었다. 농촌공동체 읍락사회의 분화였다. 이 시기에는 농업생산의 주체가 원시사회의 농업공동체에서 고대적 신분계급사회 안에서 권력과 연계되며 성장한 개인으로 변동하고 있었다. 역사의 발전, 농업생산의 발전은 그 생산의 주체도 시대에 따라 변동시키고 있는 것이었다.

■ 제2장의 주

1) 이 장은 필자의 《東아시아 역사 속의 한국문명의 전환 - 충격, 대응, 통합의 문명으로》, 지식산업사, 2008 및 〈고대의 농경문화와 고조선의 성립발전〉(《한국고대 농업사연구》 수록 예정)을 기초로 하여 작성하였다. 이들 글을 아울러 참고하기 바란다.

2) 최남선, 신정 《삼국유사》 권 제1, 기이 제2 고조선

3) 김정배, 〈고조선의 국가형성〉, 《한국사》 4, 초기국가 - 고조선 부여 3한, 국사편찬위원회, 1997 ; 김용섭, 신정판 《한국문명의 전환》, 지식산업사, 2014 참조.

4) 김용섭, 〈고대의 농경 문화와 고조선의 성립 발전〉에서 이승휴의 《제왕운기》에 관한 설명 참조.

5) 최남선, 신정 《삼국유사》 권 제1, 기이 제2 고조선.

6) 한백겸, 《구암유고》 상, 기전유제설 ; 《기전고》 기전설.

7) 한창균, 〈고조선 성립 배경과 발전단계 시론〉, 《국사관논총》 33, 1992 ; 복기대, 《요서지역의 청동기시대 문화 연구》, 백산자료원, 2002 ; 박준형, 〈요서지역 청동기문화의 전개〉, 《요하문명과 고조선》, 지식산업사, 2015.

8) 신숙정, 〈우리나라 청동기시대의 생업경제 - 경기도를 중심으로 한 시론〉, 《한국상고사학보》 35, 2001 ; ---, 〈청동기시대 전기의 농사짓기에 대한 이해〉, 《동방학지》 115, 2002.

9) 김용섭, 〈고대의 농경문화와 고조선의 성립발전〉의 주 11, 주 27 참조.

10) 이 시기의 기상현상에 관해서는 다음의 연구를 참조할 수 있다. 김상기, 〈태한(太旱)전설의 유래에 대하여〉, 《동방사논총》, 서울대학교 출판부, 1974 ; Joseph Needham and Wang Ling, *Science And Civilisation in China*(England, 1959)〔吉田忠 外 5人 翻譯, 《中國の科學と文明》第5卷, 思索社, 1979〕 ; 하자노프, 김호동 역, 《유목사

회의 구조》, 지식산업사, 1990 ; 장호수, 〈후빙기의 자연환경〉, 《한
국사》 2, 국사편찬위원회, 1997 ; 안승모, 《東아시아 선사시대의 농
경과 생업》, 학연문화사, 1998 ; 이태진, 《새한국사 − 선사시대에
서 조선후기까지 − 》, 까치, 2011.

11) 《삼국지》 권30, 위서30, 〈오환 선비 동이전〉, 부여. "舊夫餘俗 水
旱不調 五穀不熟 輒歸咎於王 或言當易 或言當殺"

12) 김용섭, 신정판 《한국문명의 전환》 참조.

13) 최남선, 신정 《삼국유사》 권 제1 〈기이〉 제2 〈고조선〉, 민중서관,
1958. "周虎王卽位己卯 封箕子於朝鮮."

　주호왕이 이때 기자를 봉했다고 하는 조선은 고죽국과 관련이 있
었다. 그것을 중국에서는 조선이라고 하였다. 이형구, 〈한국민족문
화의 시베리아 기원설에 대한 재고〉, 《동방학지》 69, 1990 ; −−−,
〈대능하유역의 은말주초 청동기문화와 기자 및 기자조선〉, 《한국상
고사학보》 5, 1991 ; 신용하, 〈고죽국의 성립과 고조선 후국의 지
위〉, 《고조선단군학》 28, 2013.

14) 《요사》 권 38, 지 제8, 지리지 2, 동경도, 455. "東京遼陽府 本朝鮮
之地.";김용섭, 신정판 《한국문명의 전환》 참조.

15) 《시경》 〈한혁〉편에 보이는 맥족(貊族), 추족(追族), 백만(百蠻),
《맹자》에 운위되는 맥국(貉國)은 그 예이겠다. 이들 맥족 맥국은 기
자정권이 들어설 때 그 대열에서 이탈하였으나, 뒷날 기자정권이
몰락하고 그 고지에서 국가재건운동이 일어나게 될 무렵, 그 후손
의 지도자 동명(東明)이 고죽국(孤竹國) 사람들과 함께 고리국(藁
離國)의 이름으로 예국(濊國)으로 돌아와 예의 귀족들과 협력하여,
부여(夫餘)국을 건설하고 국왕이 되었던 맥족으로 이해된다. 이 지
역은 본래 예맥(濊貊), 곧 예와 맥의 땅이었으므로, 그것은 자연스
러운 일이었다. 중국의 동진정책으로 기자조선이 쇠망하여 남하하
고, 예국의 민과 국토 또한 한에 종속케 되는 암담한 정국 속에서,
그 민들은 맥족 맥국의 귀환을 고대하였을 것으로 생각된다. 이 문
제는 제3장에서 자세하게 논의된다.

　부여사에 관한 근년의 연구는 다음 글들에 소상하다. 孫進己 著 ·

임동석 역, 《東北民族源流》 제5장 제3절 부여족의 원류, 동문선,
1992 ; 井上秀雄, 〈夫餘國王과 大使〉《柴田實先生古稀記念 日本
文化史論叢》, 1976 ; 노태돈, 〈부여국의 경역과 그 변천〉, 《국사관
논총》 4, 1989 ; 김광수, 〈부여의 '대사'직〉, 《박영석교수 화갑기념
한국사학논총》 상, 탐구당, 1993 ; 국사편찬위원회 《한국사》 4, 송
호정, Ⅲ 〈부여〉, 1997 ; 송호정, 〈고대 부여의 지배구조와 사회구
성〉, 《강좌 한국고대사》 10, 가락국사적개발연구원, 2003.

16) 김용섭, 〈고대의 농경문화와 고조선의 성립 발전〉 참조.

17) 사회과학원 력사연구소, 《조선전사》 1, 원시편, 과학백과사전출판
사, 1979와 《조선전사》 2, 고대편, 과학백과사전출판사, 1979 ; 이
현혜, 〈한국 고대의 농업〉, 《강좌 한국고대사》 6, 가락국사적개발연
구원, 2002 ; 李澍田 主編·衣保中 著, 《中國東北農業史》, 吉林
文史出版社, 1993 ; 《齊民要術》 권 제1, 경전 제1에 인용된 후한
최식 〈政論〉의 遼東犁는 고조선 이래로 전해오는 조선사람들의 牛
犁로 생각된다. 그러나 이 자료는 정리에 착종이 심한 듯하다. "今
遼東耕犂 轅長四尺 廻轉相妨 旣用兩牛 兩人牽之 一人將耕 一人
下種 二人挽耬 凡用兩牛六人 一日纔種二十五畝"

　　지건길·안승모, 〈한반도 선사시대 출토 곡류와 농구〉, 《한국의
농경문화》, 경기대학출판부, 1983 ; 안승모, 《東아시아 선사시대의
농경과 생업》, 학연문화사, 1998 ; 임효재 편, 《한국 선사시대 도작
농경》, 2001의 임효재, 〈한국 선사시대의 농경〉, 최정필, 〈농경도
구를 통해서 본 한국 선사농경의 기원〉, S. M. Nelson·이승민 역,
〈한국 선사시대의 사회정치적 발전과 농경과의 관계〉 ; 노용필,
《한국도작문화연구》, 한국연구원, 2012.

18) 김용섭, 〈고대의 농경문화와 고조선의 성립 발전〉 참조.

19) 《한서》 권 24 상, 〈식화지〉 제4 상, 경인문화사본 1138쪽 ; 武田幸
男, 〈魏志東夷傳에 보이는 下戶問題〉, 《朝鮮史研究會論文集》 3, 1967.

제3장 고조선의 쇠망과 그 유민들의 국가재건 사회개혁
- 고대농업에서 중세농업으로 -

도론 : 東아시아 세계의 격변

　알타이어계 북방(北方)민족으로서의 고조선 문명, 고조선 역사의 흐름은 기자(箕子)정권, 진국(辰國)의 말기 단계에 들어서면서 동아시아 세계의 정치 군사적 격변으로 차단되었다. 중국이 군사력으로 주변 민족 국가를 정복하여 천하체제(天下體制)를 구축하며, 동아시아 문명권을 형성하였기 때문이었다. 중국은 국력이 강대한데다, 그 문명이 이웃 민족 국가들의 문명에 견주어 정신문명이나 물질문명의 어느 경우로 보아도 그 수준이 월등히 높았으므로, 문명의 흐름이라는 관점에서 그것은 자연스러웠다.

　그러나 문명을 받아들이는 입장에서 보면, 문명을 적절한 수준으로 잘 수용하면 국가 발전, 역사 발전에 도움이 되지만, 욕심이 지나쳐서 그것을 지나치게 받아들이면 자기 문명이 소멸하게 될 뿐만 아니라 국가와 민족마저도 중국화(中國化)하게 되는 것 또한 그 속성이었다. 이와는 달리 높은 수준의 문명을 받아들이지 않고, 자기 문명의 정체성을 고집하는 가운데 자기의 낙후한 문명만을 지키려 한다면, 그 문명은 새로운 문명세계에서 낙오하고 탈락하게 되는 것 또한 문명 전환의 속성이었다.

고조선은 이러한 동아시아 세계의 격변 속에서 중국의 동정(東征)과 문명전환 정책에 적절하게 대응하지 못하였고, 진국(辰國)의 삼한(三韓)이 한반도 남단으로 남하하여 삼한으로써 위기를 면하고자 하였다. 이는 고조선 기자정권의 사실상의 쇠망이었다. 따라서 그 유민들이 만주지역에서 고조선 민족으로서 살아남기 위해서는 그 고조선의 문화전통을 계승하되, 종래의 고조선과 다른 새로운 삼국시대의 중세(中世) 국가, 중세(中世) 농업, 중세(中世) 사회를 건설하지 않으면 안 되었다.[1]

1. 중국의 천하체제(天下體制) 구축과 고조선 유민들의 국가재건

1) 중국의 천하체제 구축과 고조선의 쇠망

고조선 민족이 중국의 압력을 받은 것은 그 국가성립 이전부터였지만 ─ 황제(黃帝)의 치우(蚩尤)정벌 ─ , 고조선의 기자정권이 쇠망하기 시작하는 시점은 중국 춘추전국시대의 제(齊) 환공(桓公)의 북벌과 연(燕)나라 진개(秦開)의 동정(東征) 때부터였다. 그리고 중국에서 진(秦)나라 시황제(始皇帝)가 등장하여 전국시대의 혼란을 수습하고, 기원전 221년 중국의 천하통일을 달성하며, 이어서 한(漢)나라가 등장하여 주변 약소민족, 약소국가들을 정복하고, 그들에 대하여 천하체제(天下體制)를 구축하여 그들을 이에 복속시키게 되면서 그 쇠망이 구체화했다.

만주 요동지역의 요양(遼陽)에 뿌리를 두고 있었던 고조선 기자정권인 진국은 중국의 천하통일 천하체제 구축과정에서 동진정책에 기초한 동북지역 요하문명권(遼河文明圈)에 대한 거듭되는 정복전쟁으로 말미암아 쇠망하였다. 그 과정을 연대순으로 정리하면 대략 〈중국의 동진정책과 고조선의 쇠망〉과 같이 정리될 수 있다.[2]

요컨대 기자조선 기자정권은 국력이 약한 데다, 국가의 사회체제 구성상의 모순구조 또한 극심한 바 있었으며, 동아시아 세계에서 벌어진 이 엄청난 격동에 적절하게 대응하지 못함으로써 소멸하게 되었다. 기자정권의 국가조직으로서는 그거대한 물결에 대응하는 것이 사실상 어려웠다고 하겠다.[3]

2) 고조선 유민의 국가재건(國家再建)은 시대사조에 맞게

앞에서와 같은 고조선의 농업 농촌의 단계는 역사가 발전하면, 민족 내부의 모순구조의 해결에 따라 중세적 농업사회로 변동될 수 있었다. 그것은 고조선 역사에서는 이미 경험이 있는 정치관행 − 정권교체였다. 더욱이 고대국가의 발전 방향은 국왕권(國王權)을 중심으로 그 체제를 강화해 나가려는 것이었으며, 그것도 국왕권이 제민적(齊民的) 지배를 기초로 하려는 ─중앙집권적 관료체제(中央集權的 官僚體制), 군현제적(郡縣制的)·제민적 통치체제(齊民的 統治體制) ─ 것이었다. 민의 궁핍과 그 귀족층에 대한 예속이 강화되면, 국가의 조세(租稅) 수입이 줄어들게 됨은 말할 것도 없고, 귀족층의 세력기반이 강화됨으로써 국가권력은 상대적으로 약화되지 않을 수 없기 때문이었다.

그러나 고조선 말에는 그러한 개혁이 고조선 역사의 흐름에서 자연스럽게 이루어지지 못하였다. 새로운 정치세력이 형성되지 못하였고, 구세력에게는 이를 기대할 수 없었다. 고대국가 기자정권의 진국집단은 귀족 지배층들이 그들의 이익을 추구하며 운영하는 국가였으므로, 그들이 그 체제를 스스로 포기하고 개혁할 리는 없는 일이었다. 그러므로 고조선이 쇠망한 뒤의 국가재건 운동에서는 고조선 고대사회 말기의 이러한 농업사회 사정의 변화를 인위적으로 추구하지 않을 수 없었다.

그것은 중국의 동북지역에 대한 정복사업, 천하체제 구축─한사군(漢四郡) 설치 ─ 및 동아시아 문명권 형성과 관련하여, 그리고 고조선의 멸망과 그 유민들의 국가재건 운동과 관련하여 의식적으로 추구되었다. 국제적인 위기 상황이 내적인 모순구조를 해결하도록 촉구했기 때문이었다. 기원전 4세기 말 3세기 초에서 서기 4세기 초(기원후 313년 낙랑군(樂浪郡) 축출)에 이르기까지의 긴 세월이었다. 한민족은 이 사이에 정치집단에 따라 차이가 있었지만, 문명전환의 분수령을 긍정적으로 적절히 넘기고 중국화의 위기상황도 극복하면서 시대사조에 맞는 새로운 국가, 새로운 사회, 새로운 경제체제 - 삼국의 중세국가, 중세농업, 중세사회를 모색하며 국가를 재건해 나갔다.

3) 국가재건은 철농구(鐵農具)를 통한 농업생산의 발전을 전제로

그러한 국가재건을 성취하려면 선결문제로서 그에 걸맞는 농업생산력의 발전이 뒤따르지 않으면 안 되었다. 그리고 그러기 위해서는 농업사에서 보면 기초적이고 기본적인 문제가 되는 사업이 있음을 당시의 위정자들이 놓쳐서는 안 되었다. 그것은 그동안 이용해온 석제(石製)·목제(木製) 농기구를 철농구(鐵農具)로 개량 교체함으로써, 농지(農地)의 기경(起耕) 정지(整地) 작업 및 농작물의 중경(中耕)·제초(除草) 작업을 정밀하고 세세하게 효율적으로 수행하고, 이로써 농업생산력을 증진시키는 일이었다.

중국은 일찍이 주(周)나라 때부터 철산업이 시작되고, 춘추전국시대에는 일반 농가에서도 철농구를 널리 이용하고 있었으며, 요하문명 말기의 중국 연(燕)나라의 동진(東進) 정책에서는 철문화 - 도끼〔斧〕, 괭이〔钁〕, 낫〔鑓〕, 가래〔鍤〕, 칼〔刀〕, 곡괭이〔鎬〕, 철삽〔鐵鏵〕, 오치 써레〔五齒杷〕, 호미〔鋤〕, 낫〔鎌〕 -

를 수반하고 있었다.[4]

그러므로 요하문명 지역에서도 이를 받아들이며 철산업을 개발 · 발전시켜 나갔다. 요서(遼西) 지역에서는 나만(奈曼), 오한(敖漢), 흥륭(興隆) 등지가 특히 철농구 제조에 앞서 있었으며, 요동(遼東) 지역에서는 요양(遼陽), 안산(鞍山), 무순(撫順)의 연화보(蓮花堡) 지역이 철농구 제조에 선구적이었다. 그리고 동부(東部)지역에서는 관전(寬甸)이 대표적이었으며,[5] 이 기록에는 보이지 않지만 고구려 영역인 통화(通化) 지역도 철광산(鐵鑛山) 지대였음이 주목된다.

요양(遼陽)은 고조선 기자정권의 서자족(庶子族) 진국(辰國) 집단이 뿌리를 내리고 있는 지역으로서 요하문명 단계에서도 농업이 특히 발달하고 있었다. 더욱이 그 주변의 안산(鞍山), 무순(撫順) 지역과 함께 철광석(鐵礦石)과 탄(炭) 등 광산물(礦産物) 지하자원이 또한 풍부하여 철농구 제조 산업을 발전시킴으로써 이른바 전통농업, 우리의 중세농업의 새로운 건설, 그리고 고조선 유민들의 국가재건운동에도 기여할 수 있게 되었다.

이러한 철문화 전파의 흐름은 지역에 따라 다소간의 차이는 있었지만, 중국인의 동진(東進)과 한사군 설치에 따라, 그리고 만주에 있었던 고조선 유민들, 곧 진국(辰國)이 삼한으로 남하함에 따라, 한반도 남단까지도 완만하지만 끊이지 않고 퍼져 나갔다. 그리고 철농구 제조의 산업도 보습, 따비, 가래, 괭이, 쇠스랑, 낫, 살포, 삽, 자귀, 도끼, 호미 등 익숙한 이름으로 국가

재건의 의욕과도 맞물려 여러 곳으로 확산되어 나갔다.[6]

그런 가운데서도 철문화의 영향을 가장 먼저 크게 받은 것은 고구려였다. 고구려의 영역은 그 자체 철산업 지대였다. 고구려는 철문화의 성장으로 국가가 발전하였고, 철농구의 보급에 따라 농업생산력도 발전하였다.

변한, 진한 지역에서는 철산업이 크게 발달하는 가운데 백제와 신라는 수전(水田) 농업 개발에 적극 나섰고, 농업생산력이 비약적으로 성장하였다.

사로국(斯盧國) 신라(新羅)에게는 철(鐵)산업을 발전시킬 수 있는 특별한 기회가 마련되고 있었다. 그것은 앞에 든 요양(遼陽), 안산(鞍山), 무순(撫順) 지역의 철산업지대에서 용신(龍神)을 신앙(信仰)하며 오랫동안 야철장(冶鐵匠)을 경영해온 한 소국(小國) 칸의 아들이 용왕(龍王)의 배려로 변한(弁韓)을 찾았다가 진한(辰韓)으로 들어와 이런저런 사연을 겪은 뒤, 제2대왕 남해왕(南解王)의 사위가 되고 제4대왕 탈해왕(脫解王)이 된 일이었다. 그 과정에서 그는 고향에서 운영하였던 최신의 제철기술을 신라에 전수할 수 있었다. 제3대왕 노례왕(弩禮王) 대에 있었던 "製犁耜及藏氷庫 作車乘"이라고 한 기록에서 보이는 바와 같이 쟁기와 따비[犁耜], 거승(車乘)의 제작은 그 한 예가 되겠다. 이는 초기 신라의 제철기술이 한 차원 높아졌음을 뜻하며, 농업생산력 또한 크게 발전하게 되었음을 의미한다고 하겠다. 아마도 탈해(脫解)의 지도 아래 제조되었을 것으로 짐작된다.

그리하여 국가재건운동으로 새로 등장한 고구려, 백제, 신라의 삼국은 철산업이 발달하고 철농구(鐵農具)의 보급이 발달하는 가운데 요하문명(遼河文明) 고조선(古朝鮮) 시기의 석제농구(石製農具)·목제농구(木製農具) 단계에 견주어 농업생산을 비약적으로 개량 발전시킬 수 있었다. 이로써 삼국의 농업은 중세농업으로 어렵지 않게 진입할 수 있게 되었다.[7]

그러나 삼국시기의 이러한 농업생산의 증진이 곧바로 그 생산자의 부(富)가 되거나 사회적 부(富)가 되기는 어려웠다. 삼국시기는 삼국통일(三國統一)을 지향하는 항쟁(抗爭)의 전란기였으며, 아울러 중국 수당(隋唐) 제국이 한반도에 대하여 천하체제를 재구성하려는 침략전쟁의 시기이기도 하였다. 그러므로 농산물은 군량(軍糧)으로서 수시로 징발되었으며, 약탈되거나 소각되기도 하였을 것이다.

2. 부여(夫餘)의 국가재건과 농촌사회의 재편성 및 지향

1) 예족(濊族) 예국(濊國)과 맥족(貊族) 맥국(貊國), 부여를 연합정권으로 재건

만주지역에서 고조선이 쇠망한 뒤 그 유민에 의해 가장 면저 국가가 재건된 나라는 부여(夫餘)였다. 이는 고조선 시기의 예족(濊族) 예국(濊國)과 맥족(貊族) 맥국(貊國)이 자신들을 부여의 이름으로 연합하여 재건한 나라였다. 말하자면 부여는 두 종족 국가가 합작으로 마련한 연합정권이었다. 정치권력도 국왕권(國王權)은 맥족에게, 정치실세인 가(加) 계층은 예족이 차지하도록 안배하였다. 그러므로 부여를 바로 이해하려면 이를 구성하는 예족 예국과 맥족 맥국을 먼저 알아두어야 하겠다.

이들 예족 예국, 맥족 맥국 등의 국가가 원래 자리 잡았던 곳은 백두산에서 발원하는 송화강(松花江)의 서남방 사평(四平)에서 길림(吉林), 장춘(長春)을 거쳐 송원(松原), 대안(大安) 등에 이르는 공간, 이른바 예맥지역의 기름진 땅이다. 그 남쪽은 본시 서자(庶子)족계의 예족이, 북쪽은 환웅(桓雄)족계의 맥족이 차지하고 있었다.[8]

그리고 그 예족 예국의 남쪽, 요하의 동부 심양(沈陽), 요양(遼陽)을 중심으로 한 지역은 서자족(庶子族) 진국(辰國) 집단의 본거지이고, 기자정권의 초기 중심지였다.[9]

예족 예국은 요동지역(심양, 사평 사이의 곡창지대)에 자리하며, 서자족(庶子族) 진국(辰國) 집단(심양, 요양 지역)의 일원이었고, 기자정권이 정변으로 단군정권을 몰아내고 정권을 장악할 때는 이에 동조하여 그 정권의 핵심적 국가의 일원이 되었다. 국가발전을 위한 경제개발, 경제사상에 동의하며, 대토지소유제와 고대 동방형 노예제사회의 체제 질서에 공감했기 때문이었다. 그리고 고조선 말기 단계의 기자정권 진국집단이 쇠망하여 남하할 때는 그 일원으로서 진왕을 수행하고, 삼한 지역에 내려가서는 진한(辰韓)의 사로(斯盧)국을 건설한 나라였다.

이와는 달리, 맥족 맥국은 예족 예국의 북쪽지역(장춘, 길림 지역)에 자리 잡고 있어서 예족 예국지역보다는 못하지만, 산악지대 국가의 농지보다는 비교적 기름진 곡창지대에 자리 잡고 있었다. 이들은 환웅족 단군 정권의 직계집단이었다.

그러므로 이 집단은 국가운영을 위한 정치사상 · 경제사상을, 자경소농제(自耕小農制), 부(富)의 균형 있는 배분 등 단군정권의 농업공동화(農業共同化), 홍익인간(弘益人間)의 정신과 같이 하고 있었다. 따라서 기자정권이 단군정권을 몰아내고 정권을 장악할 때는 이에 동의할 수 없었다. 그뿐만 아니라 이 맥족 집단은 기자정권의 연맹체에서 이탈하여 그들의 원래 고향인 요하문명(遼河文明) 홍산문화(紅山文化)권으로 유망하였다.

그곳에서 환웅족 단군 정권의 또다른 직계집단인 고죽국(孤竹國) - 고구려의 전신국가 - 과 합류하고, 기자정권 진국(辰國)이 쇠망할 때는 고리국(槀離國)의 이름으로 고죽국과 함께 귀향하되, 서요하(西遼河) 하류로 내려와 사평(四平) 장춘(長春)선의 서쪽 한주(韓州) 봉주(鳳州) 지역에 정착하여 고토(故土) 수복을 위한 준비를 하였다. 예족 예국과 전쟁도 한판 벌리려는 듯하였다. 고리국은 국가재건을 위한 전진 기지가 되고 있었다.[10]

2) 예족 예국, 맥족 맥국의 상충과 농촌사회의 재편성 및 지향

예족 예국과 맥족 맥국을 이같이 비교하면, 이 두 정치세력
은 그 정치사상 국가관이 극과 극으로 대립되는 정치집단이었
다. 그들은 고조선의 기자정권과 단군정권이 상극하였던 정도
만큼, 아니 그동안 쌓인 원한도 있어서, 그 이상으로 상충하는
관계가 되었던 것으로 이해된다.

그러한 점에서 이 두 정치세력이 하나의 부여국(夫餘國)을
건설한 것은 기이한 일이다. 이는 전적으로 고조선 쇠망에 따
라 국가재건이 절실한 상황에서, 두 집단이 정치적 협상을 통
해 아마도 문제를 연합정권(聯合政權) 수립 정도로 한정한 데
서 가능하였던 것으로 생각된다. 그리고 그러한 점에서 두 집
단의 연합으로 건설된 부여는 난세 비상시국의 요청에 따라서
성립된 국가이면서도, 그 국가체제는 짜임새 있는 조직적 체제
가 되지 못하였던 것이라고 하겠다.[11]

농업 농촌사회에 관한 재정비 과정도 정연하게 단일 체계로
체계화되지 못하고, 예족 예국의 민과 맥족 맥국의 민이 거주하
는 행정지역에 따라 각각 다르게 편제되었던 것으로 이해된다.

예족 예국 지역에서는 기자조선 진국(辰國) 시절의 귀족 지
배층의 대토지소유제(大土地所有制)를 중심으로 한 농업 농촌
사회의 동방형(東方型) 노예제(奴隷制)적 사회구성을 부여(夫
餘)의 그것으로 그대로 재편성하였다. 동방형 노예제를 상징하

는 순장(徇葬) 관행도 동반하였다. 《삼국지》부여전에 보이는, 농촌 읍락사회의 수직형의 노예제적 사회구성이 그것이었다.[12]

그리고 맥족 맥국 지역에서는 예족 예국지역에서와는 다르게, 대토지소유제를 부정하고, 고조선 단군정권 시절의 경제이념에 바탕을 둔 농민적 토지소유(農民的土地所有)로서 자경소농제(自耕小農制)를 내세웠다. 이는 맥족 맥국이 유망시절에도 지켜온 경제정책의 대원칙이었다. 《맹자(孟子)》에 보이는 맥도(貉道) 요순지도(堯舜之道)로서의 토지제도, 조세제도 – 20분의 1세, 10분의 1세 – 는 그것이었다.[13]

그러므로 부여의 농촌사회 발전이 지향하는 중세적 농업 사회질서의 성립 – 중세적 지주전호제와 자경소농제의 성립 – 은 일부만 이루어지고 전면적으로는 달성되지 못하였다. 그 목표를 모두 달성하려면 예족 예국지역의 동방형 노예제적 대토지소유제를 근본적으로 개혁하지 않으면 안 되었는데, 그러나 이는 당시의 부여 연합정권에게는 기대하기 어려운 일이었다. 이는 훗날 다른 정치세력에 의해서 성취되는 수밖에 없었다.

3. 고구려(高句麗)의 국가재건과 농업 농촌사회 개혁

1) 고구려 건설의 정치세력들 : 고죽국(孤竹國)과 구려오족(句麗五族)

고조선의 기자정권이 쇠망한 뒤 그 유민들이 그 옛 땅에서

부여와 같은 시기에, 그러나 부여보다는 좀 늦게 재건한 또 하나의 국가는 고구려(高句麗)였다. 이는 앞의 부여에서 이미 논의한바 고조선 시기의 고죽국(孤竹國)과 구려오족(句麗五族)이 고조선과 같은 대국의 재건을 목표로 하되, 우선 그 일을 담당할 수 있는 중심 국가를 고구려(高句麗)라는 이름으로 건설한 나라였다.[14]

고죽국(孤竹國)과 구려5족(句麗五族)은 부여의 재건에 참여한 맥족과 같은 맥족계의 정치집단이었다. 환웅(桓雄)족 단군(壇君)정권이 고조선을 건설할 때부터 그 직계집단이었다. 이 두 집단이 통치구역으로서 단군정권으로부터 배정받은 지역은 압록강 중류 집안(集安) 지역과 환인(桓仁)지구 - 구려5족(句麗五族) 입주-였으며,[15] 통화(通化) 북쪽에서부터 산골짝을 흘러내려 오는 혼강(渾江 : 비류수 소수 졸본천) 연변의 산악지대 - 뒤에 비류국과 졸본부여(고구려) 입주 - 였다.[16]

그 가운데서도 고죽국은 고구려의 조상이 되는 국가로서,[17] 환웅족 단군정권이 요하문명 홍산문화권에서 서자(庶子)족 진국(辰國)집단 등 동료집단들의 주선으로 태백산으로 이동하여 고조선을 건설하게 될 때 자기 통치구역으로 들어가지 못하고, 요하문명 서변, 중국의 동변 란하(灤河) 유역 평주(平州) 지역에 오랫동안 잔류하면서 환웅(桓雄)족들이 철수한 지역을 관리도 하고 수비도 하며 국제정세도 살피는 등 특수한 사명을 띠고 복무하였던 정치집단이었다.

고죽국은 이 일을 오랫동안 혼자 담당해야 했으므로, 어떤 일을 수행하면서나 매사에 세심하고 용의주도하며, 사전에 계획을 세워서 추진하는 것이 체질화하였다. 그러한 고죽국이 요하문명권에서 부여국 건설에 참여한 활동적인 맥족 맥국과 합류할 수 있었던 것은 그 뒤 고구려 국가를 건설하는 데 큰 도움이 되었다.

2) 고죽국과 맥족 맥국, 고리국(稾離國)으로서 귀환하여 부여국(夫餘國)을 건설

요하문명의 서변, 중국의 동변 평주지역에 정착하고 있었던 고죽국과 요하문명의 홍산문화권에 위치하고 있었던 맥족 맥국은 중국 연(燕)나라의 동진정책, 진한(秦漢)제국의 천하통일 천하체제 구축 등으로 더 이상 그곳에서 국가를 유지하기 어렵게 되었다. 그들은 고리국(稾離國, 高離之國)의 이름으로 후퇴하여, 사평(四平) 장춘(長春)선의 서쪽 한주(韓州) 봉주(鳳州)지역에 정착하고, 이미 설명한 바와 같이 그곳 예족 예국과 협상하여 부여국을 연합정권으로 건설하였다. 고죽국은 이를 측면에서 지원하였다.

3) 고죽국의 지도층 고리국을 기지로 삼고 고구려 건설을 준비

부여의 건국이 일단락되고 그 부여가 국가로서 안정을 찾은 뒤에는 고죽국의 지도층이 고구려를 건설하고자 여러가지 준비를 하였다.

무엇보다도 먼저 시도한 일은 부여와 고리국에 머물러 있는 고죽국 사람들을 그들이 영토로서 배정받았던 압록강 중류 서편을 흐르는 혼강(渾江)유역, 환인(桓仁)지역으로 이주시킴으로써, 작으나마 국가를 건설케 한 일이었다. 비류국(沸流國)에 이어 두 번째의 입주였다. 혼강은 소수(小水), 비류수라고도 하였으므로, 나라이름을 소수맥(小水貊)이라고 하였다.[18] 이 지역은 졸본지역이므로 졸본부여(卒本扶餘)라고도 불리었다. 사람들은 부여에서 온 이들을 부여사람으로 이해했기 때문이었다. 이 나라는 고구려 건국의 기초가 되었다.

다음은 고구려 건국설화인 동명(東明 : 朱蒙)의 탄생설화를 만들어 이를 세상에 널리 유포함으로써 고구려인의 민족적 단합과 결집을 촉구하고, 세상 사람들이 고구려 국가의 탄생을 기정사실로서 인정하고 기대하도록 하였다. 그 고구려를 환웅천왕의 고조선 건설과 같이 훌륭한 국가로 건설할 것임을 다짐하기도 하였다. 이는 일종의 여론 조성으로서 효과가 컸다. 국내의 서민대중과 지식인들이 이를 믿었을 뿐만 아니라, 중국의 사서에서도 이를 기록하여 사실처럼 믿었으며 신화처럼 전해졌다.

그러는 한편, 고죽국 지도층은 난세를 평정하고 밝은 세상을 건설할 수 있는 현실의 동명(東明)을 탄생시키고자 했을 것이다. 아마도 설화와는 달리, 후대의 경당(扃堂)으로 이어지는 청소년 집회와 같은 조직을 통해 기상이 뛰어나고 영특한 소년들을 어릴 때부터 모아 문무(文武)만이 아니라 국가건설, 국가운영에 관해서도 원론적인 교육을 하며, 난국을 돌파해 나갈 수 있는 정신력과 무예를 단련하되, 거듭 시험을 보아 마지막으로 가장 우수한 지략과 정신력과 무예를 갖춘 인물이 그들이 기다리는 동명 주몽이 되었을 것이다.

4) 주몽(朱蒙)의 졸본부여(卒本扶餘) 입성과 고구려 국가 건설

이 같은 준비가 되었을 때 고죽국의 지도층은 주몽을 졸본 지역으로 입성시켰다. 국가의 이름을 부여와 차별화하고자 고구려(高句麗)로 하고, 이어 주몽의 성씨도 해씨(解氏)를 버리고 고씨(高氏)로 정하였다. 그리고 졸본부여(卒本扶餘)를 방문하여 인사를 하니 그 왕이 그를 사위로 삼고, 그 왕이 별세하니 주몽이 그 왕위를 계승하였다. 그래서 졸본부여는 그 뒤 주몽이 이끄는 고구려가 되었다. 고구려의 건국이었다. 기원전 2세기도 저물어가는 시점이었다.

그러나 이로써 고구려 국가의 건설과정이 끝난 것은 아니었다. 고조선을 재건할 수 있는 중심국가 고구려를 완성하려면 구려5족(句麗五族)을 고죽국과 통합하여 통합 고구려를 건설하지 않으면 안 되었다. 이 일은 어렵지 않게 진행되었다. 나라 이름을 고구려(高句麗)로 정하고 있음은 구려5족과 합의를 보는 데 중요한 근거가 되었을 것이다.

그뿐만 아니라 졸본지역에는 구려5족의 하나인 계루부(桂婁部)도 있었고, 그 유지 가운데는 연타발(延陁勃)과 과녀(寡女)가 된 그의 딸 소서노(召西奴)도 있었는데, 주몽은 이 소서노도 비(妃)로 취(娶)함으로써 구려5족의 정계에 참여하여 그의 능력을 발휘할 수 있게 되었다. 고죽국 계열의 정치세력 졸본부여와 구려5족 계열의 정치세력 계루부(桂婁部)가 결합함으로써 통합 고구려 형성의 기반을 마련하게 된 것이다. 그리하여 그 연장선 위에서 구려5족과 고죽국이 단합한 명실상부한 통합 고구려를 건설할 수 있게 되었다.

5) 통합 고구려의 농업 농촌사회 재건

구려5족과 고죽국은 부여의 건설에 참여한 맥족 맥국과 마찬가지로 종족상으로 맥족 맥국계였고, 환웅족 단군정권의 직계 집단이었다. 따라서 그들의 경제이념 국가관은 기본적으로 단군정권의 그것과 같았고, 기자정권 진국의 그것과 상충하는 관계에 있었다.

그러므로 통합 고구려를 건설한 뒤 그들의 농업 농촌정책은 단군정권의 농정이념을 바탕으로 하면서 기자정권 진국집단의 순장(殉葬)관행을 금지하고, 고대 동방형의 노예제(奴隷制)적 대토지소유제(大土地所有制)를 개혁하여 순전한 병작반수(並作半收)의 중세적(中世的) 지주전호제(地主佃戶制)로 개정하며, 한 걸음 더 나아가 농민적 토지소유(農民的 土地所有) - 자경소농제(自耕小農制)를 실현해 나가고 있었다. 그뿐만 아니라 삼국시기의 말년에는 전사법(佃舍法)을 제정하여 남쪽 전방기지에 둔전(屯田 - 民屯)을 설치함으로써, 그 지주제를 국가 관리로 하고 무전농민을 보호하였다.[19]

그리하여 통합 고구려가 이 같은 사회경제 농촌경제의 기반을 갖게 되었을 때, 그 국가는 이미 기자정권 진국시기의 동방형 노예제적 사회질서를 극복하고, 중세적 농촌사회로 진입하고 있는 것이었다고 하겠다.

4. 진국(辰國)의 남하 국가재건 계획과 좌절

그러나 이때의 국가재건 운동이 모두 고구려와 같지만은 않았다. 이와 정반대되는 입장의 운동도 있었다. 진국(辰國)이 남하하여 수행하고 있는 삼한(三韓) 건설 운동이 그것이었다.

1) 진국(辰國)의 사회경제적 성격

고조선은 맥족계의 환웅족 집단 단군정권에서 예족계의 서자족 진국 집단 기자정권으로 계승되고 구성되었다. 전자는 요하문명(遼河文明) 홍산문화권이 출신 지역으로 주로 산악지대에 정주하고, 후자는 요동(遼東)지역－심양(沈陽), 요양(遼陽)이 거점지역으로서 주로 요하(遼河)유역의 평야지대에 정착하였다.

그러므로 전자의 지역에서는 농업생산이 크게 발달하기 어려웠으므로 그 집단 성원이 다 같이 살아가려면 홍익인간(弘益人間), 균형 있는 부(富)의 배분, 토지제도로서는 자경소농제(自耕小農制)를 국가정책으로서 내세우지 않을 수 없었다. 후자의 지역에서는 노력하는 만큼 성과를 거둘 수 있는 가운데 국가의 농업정책이 개발·발전·성장을 강조함으로써 사회가 상하로 크게 분화되고, 순장(殉葬) 관행을 동반하는 대토지소유자(大土地所有者)가 등장하여 고대 동방형의 노예제 사회를 형성하였다.

이 두 농정이념(農政理念)은 우리나라 고대사, 중세사 속에 흐르는, 두 정치이념이고 대립구도였다.[20]

2) 진국의 국가재건 계획과 중국 군현과의 전쟁

(1) 삼한의 건설

중국의 동정과 천하체제 구축으로 말미암아 고조선은 쇠망하고, 그 일부가 삼한지역으로 남하한 것이 서자족 진국(辰國) 집단이었다. 그들은 한반도 남쪽 지역에서 삼한으로서 국가를 재건하고자 하였다.

진국은 그 삼한을 마한(馬韓), 진한(辰韓), 변한(弁韓)으로 구성하였다. 이들은 진국 직속의 예족계 정치세력으로서 평소 요양(遼陽), 심양(沈陽) 부근에서 진국과 더불어 고락을 같이해 온 정치세력들이었다. 그 가운데 마한은 삼한을 지휘통솔할 수 있는 남하한 진국 그 자체였다. 삼한의 여러 집단이 남하하는 방법은 각 한(韓)단위로 분산, 하향하였을 것으로 사료된다.

진한은 심양 북변에서 사평(四平) 사이에 위치하였던 예족 예국의 왕실과 귀족 그리고 호위무사 및 민, 노예 등 노동대로서 구성되었다. 그들은 기마대(騎馬隊)와 도보(徒步) 편으로 무리를 이루어 남하하였으며, 정착한 곳은 경주(慶州)를 중심으로 한 사로국(斯盧國) 6촌(村) 지역이었다.

이곳 6촌에서 신라시조(新羅始祖) 박혁거세(朴赫居世)가 사로 사람으로 탄생하였다. 진한의 남하가 훗날 신라를 건설할 것임을 예정하고 있었던 것이다. 그러나 신라시조 박혁거세의

탄생신화(誕生神話)에는 신마(神馬)가 등장함으로써 신라가 고
조선 ─ 기자 정권 진국 ─ 을 계승해서 탄생하게 되었음도 상
기시키고 있었다.[21]

변한(弁韓)은 심양, 요양의 서남방 요동반도 등지에 자리 잡
았던 예족계의 정치집단이었다고 생각된다. 진한(辰韓) 사람들
과 많은 점에서 비슷하였기 때문에 변진(弁辰)이라고도 하였다.

(2) 국가재건(國家再建)의 좌절

진국 지도층의 국가재건 계획은 너무나 안이하고 미숙하였
다. 그들은 내정 문제나 대외정책 문제의 현실을 철저하게 파
악하고, 새로운 시세에 맞추어 새로운 국가를 건설하고자 하지
않았다. 그것은 마치 진국이라고 하는 노예제 국가의 지배자가
정복자 점령군으로 삼한 지역에 와서 삼한 국가를 노예제 국가
로서 건설하고 지배하려는 것과 같았다.

진국(辰國)의 삼한 국가 건설이 이 같은 것이었다면, 이 국
가재건 과정에서는 안팎으로 큰 저항에 부딪치지 않을 수 없었
다. 안으로는 재지(在地) 정치사회 국읍(國邑)의 신앙(信仰) 및
지향하는 정치이념(政治理念)이 환웅족 단군정권의 하늘〔天〕
신앙, 천신(天神) 숭배 및 정치이념과 같은 것이, 진국의 그것
과 대립되고, 밖으로는 노동력 노예의 확보문제를 둘러싸고 중
국 군현 (郡縣)세력과 충돌하지 않을 수 없었기 때문이었다.

그리하여 결국 삼한의 건설은 그들의 생각하는 대로 되지 못하였다. 그 계획은 혼란 그것이었고, 그래서 마침내 전쟁과 진국 멸망으로 좌절되고 말았다. 진국과 삼한은 정정당당한 이 시기의 국가다운 국가가 되지 못하였다. 그러한 사정을 옛 기록에서 살피면 다음과 같다.

① 국가건설은 민의 지지를 받아야 하였으나, 삼한 지역의 국읍 (國邑)민은 환웅족 단군정권의 천군(天君) 천강(天降)의 신앙을 통해 그 정치이념 − 홍익인간, 부의 균형 있는 배분, 자경소농제 − 을 실현하고자 하는 것이었는데, 진국은 그와 반대로 기자정 권의 대토지소유자의 노예제적 체제를 추구하고 있었다.
　　더욱이 별읍(別邑)에 있는 소도(蘇塗)에서는 여러 도망〔亡逃〕 자가 한번 들어가면 다시는 나오지 않았는데, 이는 환웅족 단군 계의 반(反)진국 반(反)삼한적 정치세력이 반체제 운동을 하다가 피신을 할 수 있는, 일종의 정치적 보호구역이 되고 있었다〔好作 賊〕. 삼한 사회는 전체적으로 진국을 거부하는 분위기였다.[22]
② 역사의 발전은 인간의 사회적 지위를 향상시키게 마련인데, 진 국은 고조선 기자정권의 순장관행을 삼한사회에 그대로 이식시 키고 있었다. 진한, 변한 지역에서는 순장관행이 대대적으로 행 해졌다. 마한 지역에서는 어떠하였는지 아직 알려지지 않았으 나, 그 뒤의 정치사정으로 보아 − 백제와 국읍민이 협력하여 진 왕 마한왕을 축출 − 순장은 시행되지 못하였을 것으로 추정된 다. 그러므로 삼한사회에서 피지배층의 지원을 받기는 어려웠을 것이라고 하겠다.[23]
③ 진국은 힘도 없으면서 중국 군현 − 낙랑군·대방군 − 과 노동 력 확보문제를 중심으로 대립 충돌하고 있었다. 두 차례의 큰 사

건이 있었다. 하나는 염사치(廉斯鑡)의 고사이다. 이에 따르면, 진한에서는 낙랑군의 벌목꾼 한인(漢人) 천 5백 명을 포로로 잡아다가, 대토지소유자의 노예제 경작노동에 혹사시켰다. 3년 사이에 5백 명이 죽게 되었다. 뒤에 이 문제를 수습할 때는 진한인 만 5천 명과 변한포 만 5천 필로써 배상하였다.[24]

④ 다음은 후한(後漢) 대에 들어와서 중국 낙랑군·대방군의 민이 그 군을 탈출하여 진한(辰韓) 동예(東濊)로 흘러들어옴으로써, 중국 및 두 군현과 한반도 정치세력 사이에 오랫동안 갈등을 조성하고 있는 일이었다. 그리고 이 문제는 전쟁으로까지 확대되었는데, 이 전쟁에서 진한은 낙랑태수를 전사케는 하였으나, 그 자신들도 전쟁에 패하고 멸망하였다. 진한에서는 수십 국이 중국 군현에 항복하였다. 아마도 무장해제를 당하였을 것이다.[25]

3) 사로국(斯盧國) 신라(新羅)의 전쟁수행 임무

(1) 치안(治安) 유지, 후방(後方) 경비

진국은 중국의 군현과 전쟁을 하고 있었지만, 전쟁 상대가 중국 군현에 그치지 않았다. 국내의 재지 국읍(國邑) 정치집단들의 반진국(反辰國), 반삼한적(反三韓的)인 봉기를 누르고 치안을 유지해야 했고, 가야(伽倻) 백제(百濟)의 후방 공격은 위협적이었다. 특히 백제와 마한의 국읍 정치세력들에게는 오래전에 마한(馬韓)을 상실한 아픈 기억이 있으므로, 그 침입에 대한 경계 방어를 소홀히 할 수 없었다. 진왕이 그 임무를 안심하고 위임할 수 있는 인물은 삼한의 통치기구 개편과도 관련, 변한의 통치권자 사로국(斯盧國) 신라(新羅)였다.

그리하여 사로국 신라는 그 스스로 고구려, 백제와 3국 항쟁을 위해서 뿐만 아니라, 진국의 중국 군현과의 전쟁을 위해서도 군비를 충실히 갖추고 확장해 나가지 않으면 안 되었다. 사로국 신라는 군사대국(軍事大國)이 되었으며, 그것은 신라 정치사회의 전통이 되었다. 사로국 신라의 이 군사력은 그 뒤 신라가 발전할 수 있는 바탕이 되었다.

(2) 신라가 진국(辰國)의 통치권을 계승한 사정

여기서 궁금한 것은, 사로국 신라는 어떠한 사정으로 말미암아 여러 삼한 세력들을 제치고 이러한 지위를 확보할 수 있었을까 하는 점이다. 거기에는 여러 가지 사정이 있었겠지만, 우리는 특히 신라의 정치적, 문화적 성격과도 관련하여 다음 사실들에 주목하였다.

첫째, 사로국 신라는 문명전환에 대한 자세, 중국 군현인 낙랑군·대방군과의 관계가 우호적이었으며, 오랫동안 양국관계를 협력관계로 운영하였다. 예컨대 낙랑국(樂浪國) ― 낙랑군 중국의 협력국 ― 이 그곳〔在地〕 정치세력의 민들로부터 중국의 매판으로 몰려 낙랑지역에 있기 어려워져서, 신라로 망명해오면 이를 받아들여 보호해주고 있었다.[26]

둘째, 사로국 신라는 낙랑군 대방군과 진국 진한과의 전쟁에 직접 참여하지 않았다. 그러므로 사로국 신라는 그 전쟁이 진국 멸망으로 종결된 뒤에도 그 군사력을 그대로 유지할 수 있었으며, 이를 바탕으로 양 진영의 전후처리에 관한 협상에서 진국 진한측의 협상 대표가 되었을 것으로도 사료되며, 그뿐만 아니라 전후의 혼란한 국내 정치사회도 이 군사력을 바탕으로 신라 중심으로 이끌어 나갈 수 있었으리라 판단된다.

셋째, 삼한지역의 재지 정치세력 민들은 환웅족 단군정권의 하늘〔天〕신앙, 천신(天神) 숭배 정치이념을 지니고 있어서, 신앙 정치이념에서 진국의 그것과 상충하고 있었다. 사로국 신라의 신앙은 일면 재지 정치세력들의 그것과 같아서 그들과 호흡을 같이 할 수 있었으며, 다른 한편으로 남하한 정치세력과도 고조선 계승이라는 점에서 상통하고 있었으므로, 그들의 지지도 받을 수 있었다.

넷째, 이만한 정도의 경력 조건을 갖춘 국가라면, 당시의 문명전환의 분수령이자 국가 민족 존망의 위기상황을 무난히 돌파할 수 있는 선진국가의 자격을 갖추었다고 하겠다. 그리하여 그들은 신라 사람으로서 그리고 고조선 유민으로서 여러 정치세력의 지지를 받으며 국가를 발전시켜, 진국을 능가하는 대정치세력이 되었던 것이라고 하겠다.

(3) 신라의 순장(殉葬) 관행 개혁

끝으로 우리는 이 장의 주제 - 古代에서 中世로 - 와 관련하여 진국이 삼한 사회에 이식한 최악의 관습 '순장' 관행이 이 지역에서는 어떻게 처리되었는지 언급해야 하겠다. 결론부터 말한다면, 이는 사로국 신라가 성장하여 진국이 멸망한 뒤 그 진국이 차지했던 삼한 지역에 대한 지배권을 장악함으로써, 신라에 의해서 정책적으로 개혁되었다고 하겠다. 그것은 다음과 같이 지증(智證) 마립간(麻立干) 3년(502)의 일이었다.

三年 春三月 下令禁殉葬 前國王薨 則殉以男女各五人 至是禁焉 三月 分命州郡主 始用牛耕[27]

이 정책에서 신라 정부는 '순장(殉葬)' 관행 금령(禁令)과 권농정책 '우경(牛耕)' 지시를 함께 명령하고 있었는데, 이는 특히 주목되는 사항이다. 이때의 신라 정부가 농업생산력을 발전시키기 위해서는 농업기술을 개량해야 하는 것은 말할 것도 없고, 노예의 저항적 노동력 ― 순장 농민 ― 을 양질의 양민(良民) 노동력으로 해방하는 것이 최선의 방법이라고 인식하였기 때문이었을 것으로 이해된다. 그리하여 신라 정부에서는 뒤늦게나마 진국 최악의 관습인 순장을 개혁함으로써 고대에서 중세로 탈출하였던 것이라고 하겠다.

이는 그 무렵의 시대사조로서, 귀족들이 국가로부터 전쟁포로를 사여 받으면 그를 노예로서 지배하기보다는 풀어 주어[放良] 양민(良民) 전호(佃戶)농민으로서 부리는 사람도 있게 되었다.[28]

5. 백제(百濟)의 시원과 국가재건의 성격

1) 백제의 출자(出自)와 국가재건 운동

　백제는 중국 역사책에서 흔히 부여(夫餘)의 별종(別種)으로
일컬어지지만, 이 설명만으로는 백제 시원기의 정치사상, 경제
사상까지 가늠하기 어렵다. 부여는 정치 경제사상이 다른 맥족
맥국과 예족 예국의 연합정권으로 구성되었기 때문이다. 그러
므로 백제를 정확히 이해하려면 그 부여의 별종이 부여 국가를
구성하는 맥족 맥국과 예족 예국의 어느 쪽에 이어지는지 확인
하는 것이 필요하다.[29]

　중국의 동정(東征)과 천하체제 구축으로 고조선 기자정권의
서자족 진국 집단이 쇠망 남하하였을 때, 그 옛 땅에서는 부여,
고구려, 좀 뒤에는 백제가 고리국(槀離國, 高離之國)을 전진기
지로 삼고 국가재건 운동을 전개하였다. 그리고 부여, 고구려
는 요동(遼東) 지역에 국가를 건설하고, 백제는 멀리 한반도 남
부로 내려가 진국(辰國)이 건설한 마한(馬韓)의 여러 소국들 가
운데서 한 두 소국을 분양받아 국가를 이루었다.

　《삼국지》 마한(馬韓)에 보이는 백제국(伯濟國)이 그것이었

다. 이는 백제국가 재건운동의 중심인물인 우태(優台) 등이 진국의 왕을 설득하여 얻어낸 성과였다. 《삼국사기》와 《삼국유사》에 따르면, 우태는 부여의 제2대 왕 해부루(解扶婁)의 서손(庶孫)이었으므로, 진왕은 특별히 그를 왕손으로 우대하여 그 국호를 백제국(伯濟國)이라고까지 정하여 주었다. 백제국이란 우두머리[長·칸] 나라라는 뜻이 되겠다.

이로써 보면, 시원기 백제의 국가재건을 주도한 인물은 부여의 왕족 곧 맥족 맥국의 중심부에 있는 인물이었다. 부여의 왕족으로서 새로운 국가를 재건하기 위해서는 부여와 같은 연합정권 국가로서는 안 되며, 맥족 맥국이 본시 지니고 있었던 단일(單一)의 정치이념을 지닌 국가 – 백제를 건설하지 않으면 안 된다고 판단하는 것이었다. 그 정치이념을 압축하여 말하면, 환웅족 단군정권계의 홍익인간(弘益人間), 부(富)의 균형 있는 배분, 토지제도의 자경소농제(自耕小農制) 확립 등이었다.

2) 백제 지도층의 마한(馬韓) 사회 조사

그러나 백제의 시원기 국가재건 계획자들이 국가재건을 연합정권의 부여와 같이 해서는 안 되며, 단일하고도 철저한 정치이념을 지닌 백제를 건설해야 한다고 생각하면서, 진왕(辰王)에게 머리 숙여 그 지배 아래 있는 몇몇 소국을 분양받아 국가를 건설한 것은 논리에 모순이 있어 보인다. 그같이 국가를 건설하면, 그 정치운영이 진국 진왕의 영향을 벗어나기 어려울 것이기 때문이다. 그것은 진국 진왕의 정치이념은 부여를 구성한 예족 예국의 정치이념 그것인 까닭이었다.

그렇지만 백제 건국세력의 지도층들은 마한 지역의 사회경제질서 민심을 면밀히 조사한 듯, 그렇지 않을 것으로 확신하고 있었다. 그것은 마한지역 국읍 사회의 신앙은 환웅족 단군정권의 하늘 신앙, 천신 숭배 − 천군의 하늘 제사 − 로서 정치이념도 이와 상응하는 것으로 보는 것이었으며, 그 민심은 상하 − 통치권자와 피지배민 − 가 크게 이반하고 있는데다, 소도(蘇塗)를 통해서 볼 때 사회 전체의 분위기가 반(反)진국, 반(反)삼한적 분위기여서 마한 자체를 오래도록 국가로서 유지하는 것이 어려울 것이라고 보는 데서였다.

3) 백제의 국가재건 3단계

백제는 이 같은 바탕 위에서 시원기의 국가를 건설하게 되지만, 일거에 대국으로 건설할 것을 욕심내는 것은 아니었다. 그러나 대국으로 갈 수 있는 적절한 기회는 결코 놓치지 않으려 하였다. 그들은 3단계를 거치면서 그 국가를 점진적으로 완성해 나가고 있었다.

제1단계는 우태(優台)가 백제국을 설립하고 사망한 뒤 그 아들 온조(溫祚)가 그 자리에 들어가 백제국을 건설하고 운영한 기간이었다. 그 영토가 사방 백리에 지나지 않은 소국(小國) 단계였다. 백제가 고조선 단군 정권과 같은 대국으로 국가재건을 계획한다면, 이 같은 열악한 상황에서 벗어나는 것이 무엇보다 급선무였다.

제2단계는 온조왕 26년(서기 8년)에 백제가 마한 지역 재지 국읍 정치사회의 협력을 얻어, 마한을 노예제 사회, 노예제 국가로 만들려는 진국 진왕을 마한에서 축출하고, 이를 백제에 병합함으로써 백제가 대국(大國)이 되고 국가 기반이 탄탄해지게 된 시기였다.

이 같은 정치적 변동은 당시로서는 대사건으로서, 그곳[在地] 국읍사회와 백제국의 정치이념이 근본적으로 동일하였기에 어렵지 않게 이루어질 수 있었던 것이라고 하겠다. 국읍사회로서는 마한이 노예제 사회, 노예제 국가가 되는 것을 막아야 했으므로, 백제를 영입하여 더불어 진국 진왕을 축출한 것이었다고도 할 수 있겠다.

제3단계는 진국 진한과 중국 군현이 위(魏) 명제(明帝) 경초(景初) 연간(237~239)에 노동력과 노예 확보문제를 둘러싸고 전쟁을 하게 됨으로써 마련되었다. 이때 진국이 삼한 사회에 노예제 사회, 노예제 국가를 건설하려면 노예와 노동력을 충분히 확보할 수 있어야 했는데, 이를 위해서 진국은 중국 군현으로부터 벗어나서 흘러들어오는 민을 부림[使役]으로써, 중국 군현과 분쟁을 일으키고 전쟁까지도 하게 되었던 것이다. 그리

고 그 전쟁에서는 진국이 패전하고 멸망하였으며, 진국 진한의
수십 개의 소국이 중국 군현에 항복하였다.

4) 삼한 지역의 국제정세 변동

진국이 멸망하고 그 수십 소국이 중국군현에 항복한 것은 삼
한 지역의 국제정세에 대대적인 변동이 있게 되었음을 의미하
였다. 이는 중국문명 수용의 압력이 커졌음을 뜻하기도 하고,
그것이 잘 안될 경우 중국의 군사적인 압력이 뒤따를 수 있을
것임을 알려주는 것이기도 하였다.

그러므로 이러한 정세 속에서 백제국은 무엇보다 먼저 시세
에 맞도록 국가체제를 정비하고 개혁하여 새로운 국가로 도약
하지 않으면 안 되었다. 국가체제를 정비하고 개혁하는 일은
시대상황을 충분히 반영하면서도 전통적 국읍(國邑)사회의 정
치의 틀을 놓치지 않으면서, 고이왕(古爾王 : 234~285) 때에 크
게 이루어졌다. 이른바 좌평(佐平) 이하 14 관등(官等)제의 제
정은 그것이었다.[30]

또 이와 관련해서 관인(官人)들이 뇌물을 받거나 도적질을
하면, 장물의 3배를 징수하고 종신(終身) 금고(禁錮)에 처하도
록 하였다.[31]

이는 고조선 기자 정권 진국(辰國) 지배층의 민에 대한 노예
적 지배를 이제는 국가권력으로써 관료제 기구를 통해 근절시

키고자 함이었다. 그것은 정치의 지향이 고대 노예제적 사회에
서 탈출하여 중세사회(中世社會)로 조정된 것이었으며, 백제의
시원시기에 국가재건 운동으로써 체계를 갖춘 새로운 국가가
성립되는 것이었다. 시원시기 백제국 건설의 제3단계, 곧 완성
의 단계였다.

▣ 제3장의 주

1) 古代와 中世의 시대구분, 중세의 시초에 관해서는 ① 三國說, ② 統一新羅說, ③ 羅末麗初說, ④ 高麗中期武臣亂說, ⑤ 朝鮮時期 說 등 여러 견해가 있다. 이 책에서는 ②설을 취하는 가운데, ①설 의 단계는 고대에서 중세로 전환하는 과정으로 이해하였다. 3국 초 기−고구려는 중세로서 출발하고 있는데, 3국 말기−신라는 아직 고 대를 고수하고 있었다. 3국 시기의 3국 항쟁 과정은 고대에서 중세 로의 이행과정을 촉진하였다. 이 과정을 거쳐 ②설 단계에서 中世 社會가 정착하는 것으로 이해하였다.

2) 김용섭, 〈고조선 기자정권의 쇠망과 그 유민들의 국가재건 − 부여 와 고구려의 경우 − 〉, 《역사교육》 137, 2016.

3) 《사기》 권 115, 〈조선열전〉 제 55 ;《한서》 권 95, 〈서남이 · 양월 · 조선전〉 제 65 ;《후한서》 권 85, 〈동이열전〉 75 ;《삼국지》 권 30, 〈위서〉 30, 〈오환 · 선비 · 동이전〉 제 30 ;《요사》 권 38, 〈지〉 제8, 〈지리지〉 2, 〈동경도〉 455 東京遼陽府 本朝鮮之地 ; 楊予六, 〈中 韓關係大事年表〉, 《中韓文化論叢》 2, 中華文化出版事業委員會, 1955 ; 孫進己 著 · 임동석 역, 《東北民族源流》, 동문선, 1992 ; 박 준형, 〈고조선의 성립과 발전에 대한 연구〉, 연세대학교 대학원, 2012 ; −−−, 《고조선사의 전개》, 서경문화사, 2014 ; 신용하, 〈고 죽국의 성립과 고조선 후국의 지위〉, 《고조선단군학》 28, 고조선단 군학회, 2013.

4) 中國農業科學院南京農學院 中國農業遺産硏究室 編著, 《中國農 學史》 初稿 上冊, 科學出版社, 1984 ; 梁家勉 主編, 《中國農業科 學技術史稿》, 農業出版社, 1989 ; 楊寬 著/노태천 · 김영수 공역, 《中國古代冶鐵技術發展史》, 대한교과서주식회사, 1992 ; 李澍田 主編 · 衣保中 著, 《中國東北農業史》, 吉林文史出版社, 1993 ; 최

덕경, 《중국고대농업사연구》, 백산서당, 1994 ; 박준형, 〈요서지역 청동기문화의 전개〉, 《요하문명과 고조선》, 지식산업사, 2015 ; 中國地圖出版社, 《中華人民共和國地圖集》, 新華書店北京發行所, 1996, 中國礦産.

5) 李澍田 主編·衣保中 著, 《中國東北農業史》, 吉林文史出版社, 1993.

6) 과학백과사전출판사, 《조선전사》 2, 고대편, 1979 ; 김광언, 〈신라시대의 농기구〉, 《민족과 문화》 1, 정음사, 1988 ; 이현혜, 〈3한사회의 농업 생산과 철제 농기구〉, 《역사학보》 126, 1990 ; ---, 〈삼한〉, 《한국사》 4, 초기국가 – 고조선 부여 3한, 국사편찬위원회, 1997 ; ---, 〈한국 고대의 농업〉, 《강좌 한국고대사》 제6권, 가락국사적개발연구원, 2002 ; 노태천, 《한국고대 야금기술사 연구》, 학연문화사, 2000 ; 김두철, 〈변진한의 철기문화〉, 《고고학지》 특집호 : 창원다호리유적 발굴20주년기념, 국립중앙박물관, 2009 ; 김두진, 주 22의 논문에서도 철문화의 전파문제가 논의되고 있어서 아울러 참조할 수 있을 것이다.

　　국립청주박물관의 《철의 역사》(1997)의 〈제3부 우리나라의 철문화(鐵文化)〉는 우리나라 철기문화의 역사이다. 집필진은 다음과 같다. 이건무의 〈청동기에서 철기로〉, 이남규의 〈고대 철 및 철기의 생산기술 – 중국과의 비교적 시각에서 – 〉, 송재현의 〈3국의 철기문화〉, 이영훈의 〈진천 석장리 철생산유적〉, 김춘실의 〈한국의 철불〉, 권오영의 〈고대국가와 철기문화〉. 그 가운데 〈제4부 철관련자료(鐵關聯資料)〉에서는 철 연구에 관한 문헌목록을 정리하고, 철산지 일람표를 제시하고 있어서 참고 된다.

7) 이용범, 〈고구려의 성장과 철〉, 《백산학보》 1, 1966 ; 여호규, 〈고구려의 성립과 발전 – 철산업 발전을 기술 – 〉, 《한국사》 5, 3국의 정치와 사회 1 고구려, 국사편찬위원회, 1996 ; 양기석, 〈3. 경제구조 3) 산업 (1) 농업생산력의 발전〉, 《한국사》 6, 3국의 정치와 사회 Ⅱ 백제, 국사편찬위원회, 1995 ; 이우태, 〈2. 정치체제의 정비 1) 배경 (1) 철제 농기구의 보급과 생산력의 발전〉 《한국사》 7, 3국의 정

치와 사회 - 신라 가야, 국사편찬위원회, 1997 ; 전덕재, 〈3. 경제 1) 농업 (1) 철제농기구와 우경의 보급〉, 동상서 ; 전덕재, 〈4-6세기 농업생산력의 발달과 사회변동〉, 《역사와 현실》4, 1990 ; 이현혜, 〈3국시대의 농업기술과 사회발전〉, 《한국상고사학보》8, 1991 ; 안병우, 〈6-7세기의 토지제도〉, 《한국상고사논총》4, 1992 ; 김광언, 주 6의 논문 ; 최남선, 증보 《삼국유사》권 제1, 기이 제2, 제4 탈해왕, 민중서관, 1954 ; 三品彰英 遺撰, 《三國遺事考証》上, 〈紀異〉第1 第4 脫解王.

8) 사회과학원 력사연구소, 《조선전사》2, 고대편, 과학백과사전출판사, 1979 ; 노태돈, 〈부여국의 경역과 그 변천〉, 《국사관 논총》4, 1989 ; 송호정, 국사편찬위원회 편 《한국사》4, Ⅲ 〈부여〉, 1997.

9) 《요사》권38, 〈지〉8, 〈지리지〉2, 동경도. "東京 遼陽府, 本朝鮮之地"

10) 김용섭, 주 2의 논문 참조.

11) 김용섭, 주 2의 논문 참조.

12) 《삼국지》권 30, 〈위서〉30, 〈오환·선비·동이전〉제 30.

13) 《맹자》권 12, 〈고장자구〉하 ; 《경서》698.

14) 이 3절은 김용섭, 주2의 논고를 기초로 하였고, 참고문헌도 그곳에서 많이 열거하였다. 아울러 참조 바란다.

15) 《삼국지》권 30, 〈위서〉30, 〈오환·선비·동이전〉제 30, 고구려.
"本有五族 ① 有涓奴部 ② 絶奴部 ③ 順奴部 ④ 灌奴部 ⑤ 桂婁部 本涓奴部爲王 稍微弱 今桂婁部代之
句麗作國 依大水而居"

16) 《삼국지》권 30, 〈위서〉30, 〈오환·선비·동이전〉제 30, 고구려.
"又有小水貊 … 西安平縣北有小水 南流入海 句麗別種 依小水作國 因名之爲小水貊"

17) 고죽국에 관한 자료는 김용섭, 〈고대의 농경문화와 고조선의 성립 발전〉, 《요하문명과 고조선》, 지식산업사, 2015 참조.

18) 주 16 참조.

19) 김용섭, 주 2의 논문 참조.

20) 이 4절은 김용섭 〈진국의 남하 3한 건설과 신라의 '순장'관행 개혁〉, 《학림》 37, 연세사학연구회, 2016을 기초로 하였다. 아울러 참조 바란다.

21) 최남선, 신정 《삼국유사》 권 1, 〈기이〉 2, 신라시조 혁거세왕 ; 최광식, 〈신라의 건국신화와 시조신화〉, 《한국사》 7, 3국의 정치와 사회 Ⅲ - 신라 가야, 국사편찬위원회. 1997.

22) 《삼국지》 권 30, 〈위서〉 30, 〈오환·선비·동이전〉 제 30, 한 ; 《후한서》 권 85, 〈동이열전〉 제 75, 한(國邑各立一人主祭天神 名之天君 又諸國各有別邑 名之爲蘇塗 … 諸亡逃至其中 皆不還之 好作賊) ; 김두진, 〈3한 별읍사회의 소도신앙〉, 역사학회 편 《한국 고대의 국가와 사회》, 일조각, 1985 ; 김정배, 〈소도의 정치사적 의미〉, 《한국고대의 국가기원과 형성》, 고려대 출판부, 1986.

23) 윤용진·김종철, 《대가야고분발굴조사보고서(고령부)》, 1979 ; 권오영, 〈고대 영남지방의 순장〉, 《한국고대사논총》 4, 1992.

24) 《삼국지》 권 30, 〈위서〉 30, 〈오환·선비·동이전〉, 제 30, 한 ; 전해종, 《동이전의 문헌적연구》(일조각, 1980) 부록, 《위략집본》 조선.

25) 《삼국지》 권 30, 〈위서〉 30, 〈오환·선비·동이전〉, 제 30, 한 ; 《삼국지》 권 4, 〈위서〉 4, 3소제기 제4, 제왕 7년

26) 김용섭, 신정 증보판 《한국문명의 전환》 참조.

27) 《삼국사기》 권 제4, 〈신라본기〉 제4, 지증마립간 3년.

28) 《삼국사기》 권 42, 〈김유신전〉 ; 권 44, 〈사다함전〉 ; 한우근, 〈고대국가 성립과정에 있어서의 대복속민시책 - 기인제 기원설에 대한 검토에 부쳐서〉, 《역사학보》 12·13, 1960.

29) 김용섭, 〈백제의 시원과 그 국가재건의 성격〉, 《학림》 38, 연세사학연구회, 2016 ; ---, 〈진국의 남하 3한 건설과 신라의 순장관행 개혁〉, 《학림》 37, 연세사학연구회, 2016.

30) 《삼국사기》 권 24, 〈백제본기〉 제 2, 고이왕, 27년 ; 노중국, 《백제정치사연구》, 일조각, 1988 ; ---, 〈백제의 정치 1, 중앙통치조직〉, 《한국사》 6, 백제, 국사편찬위원회, 1995 ; 이기동, 〈백제국의 정치이념에 대한 일고찰 - 특히 '주례'주의적 정치이념과 관련하여

– 〉, 《진단학보》 69, 1990 ; 김정현, 〈백제의 ‘率’계 관제〉, 《역사교육》 122, 2012.
31) 《삼국사기》 권 24, 〈백제본기〉 제 2, 고이왕 29년.

제4장 중세(中世)의 농업생산과 토지제도

도론 : 중세 농업의 구도와 흐름

이 장에서는 중국의 동진정책, 천하체제 구축으로 고조선이 쇠망하고, 그 유민들의 국가재건운동으로 새로 세워진 삼국이 그 농업생산의 바탕 위에 통일국가를 세운 이후의 농업 사정을 다루게 된다. 한 장 안에서 고조선의 전통농업의 흐름과 중국 문명의 수용문제가 함께 논의되는 복잡함이 있으므로, 여기서는 먼저 그 전체의 구도로서 농업생산 증진문제와 토지제도 문제의 흐름을 도론(導論)으로서 정리하고자 한다.

먼저 언급할 것은 농업생산 증진에 관한 문제이다. 이에 관해서는 ① 농기구를 철농구(鐵農具)로 개량 발전시키는 방법과 ② 농작물 재배기술을 개량 발전시키기 위해서 농서(農書)를 편찬하거나 도입하여 교육하는 방법이 있었을 것이다. 삼국시기에서 고려시기 말 즈음까지는 ①의 철농구는 적극적으로 개량 발전시키고 있었으나, ②의 농서를 도입하거나 편찬하는 정책은 취하고 있지 않았다. 농업교육은 전통적으로 해 오는 방법에 따라 지방의 관청과 촌주(村主)가 이를 행정적으로 담당하고 있었다.

이 시기에는 중국 송(宋)나라에서 중국 고대의 대표 농서인 《제민요술(齊民要術)》이 간행되었으므로, 이를 받아들였을 수도 있으나 확인되지 않는다. 설사 구입하였다 하더라도 널리 이용되지는 않았을 것으로 생각된다. 중국의 농서 《농상집요(農桑輯要)》를 복각하여 이용하였던 것은 원명(元明)교체기인 고려 말년의 일이기 때문이다. 그것도 이두(吏讀)로 주석을 달고 번역을 하는 등 요란스러웠으나, 결국 중국과 조선은 농업생산의 기본조건인 자연환경의 풍토가 다르다는 점에서 한국의 농서를 《농사직설(農事直說)》로 편찬하여 이용하게 되었다.

그러므로 우리 농업사에서 중세 이후 고려시기 조선 초기까지 농업생산은, 고조선 이래의 전통농업을 철기농구를 통해서 개량 발전시키고 새로운 농지를 개발 확대하는 것이 최대의 목표가 되었다고 하겠다. 중국의 농서를 적극 도입하는 것은 그 이후 특히 조선 후기의 일이었다.

다음으로 언급할 것은 토지제도의 문제이다. 고구려, 백제, 신라의 3국 항쟁의 격동과정과 그것과 대비되는 체제의 정비과정은 앞에서 언급했듯이 고대에서 중세로의 전환과정이었다. 이러한 전환과정은 선진지역 고구려에서는 국가재건 시기부터 이미 시작되었지만, 신라에서는 6세기 초(502) 순장(殉葬) 관행 금지 때까지 그 고대가 절정의 상태로 계속되고 있었다.

그리고 그러한 가운데서 중세적인 경제제도, 토지제도가 새로이 마련되어 나갔다. 곧 정치적으로 국왕권(國王權)을 중심으로 한 집권적 관료체제(集權的 官僚體制)와 지방제도(地方制度 : 郡縣制)의 재정비로 집권적 봉건국가(集權的 封建國家)가 확립되고, 이를 지탱하는 중세봉건적인 경제제도, 토지제도가 또한 제도적으로 새로이 확립되어 나간 것이다.

이 같은 경제제도, 토지제도는 앞 시대인 고대사회의 그것과 비교하면 다음과 같은 특징이 있었다.

한편으로는 토지의 사적소유(私的所有) 관계가 발전하는 가운데 중세봉건적인 지주전호제(地主佃戶制)와 자경소농제(自耕小農制)의 토지소유가 일반화하였다. 따라서 전자의 경우 농업생산이 봉건지주층(封建地主層)의 전호(佃戶) 농민에 대한 농노적(農奴的)인 지배관계로서 수행되었다.

그리고 다른 한편으로는 토지의 이 같은 사적소유를 전제한 위에서 봉건국가와 그 지배층이 봉건적인 신분(身分) 직역(職役) 관계를 중심으로 수조권(收租權)을 주고 받음[授收]으로써 일반 토지소유 자경농민(自耕農民)과의 사이에 '전주전객제(田主佃客制)'의 관계가 경제제도로서 성립하고, 따라서 농업생산은 수조권자(收租權者 - 田主 ; 國家 · 支配層)가 납조자(納租者 - 佃客 ; 土地所有權者)를 준농노(準農奴) 또는 예속(隸屬) 농민으로서 지배하는 가운데 수행되었다. 이는 국가가 토지 없는 지배층을 지주층에 준하도록 지원하는 것이기도 하였다.

그리하여 이 양자가 상호 보완하는 가운데 우리나라 중세 경제제도, 토지제도의 기본 틀이 형성되었다. 또 이 소유권(所有權)과 수조권(收租權)이 서로 갈등, 대립하는 가운데 중세적 경제제도, 토지제도에는 변동이 오기도 하여 몇 단계에 걸치면서 발전 변동해 나갔다.

1. 신라통일기(新羅統一期)

1) 농업생산, 농정(農政) 운영의 체계

그 제1단계는 신라통일기였다. 이때에는 장기간에 걸친 통일전쟁(統一戰爭)의 혼란으로 농업생산이 마비되었으므로, 전쟁이 끝난 다음 국가에서는 여러 가지 시급한 문제와 함께 농업생산, 농정운영 체계를 정비하지 않으면 안 되었다. 우리는 〈신라촌락문서〉[1]에서 그 요점을 살필 수 있다.

① 이 문서에 따르면 이때의 국가의 농업생산, 농정운영은 고조선 기자정권의 농촌에서와 같이 기초적으로 지방관청의 관할 지도 아래에 각 촌락의 촌주(村主)층을 통해서 운영되었다. 그 위에서 그 농지 촌락이 권력기관에 전장(田莊 – 수조권)으로서 분급되었으면 그 기관의 요청에 따라 부분적으로 조정될 수 있었다.

이 문서의 촌락 농지는 통일전쟁이 아직 끝나지 않은 문무왕(文武王) 2년(662)에 승전의 논공행상을 하되, '本彼宮 財貨 田

莊 奴僕'을 갈라서 김유신(金庾信)에게 500결(結)을 주고, 그 대신 왕궁(王宮)에게는 그 뒤 이곳 촌락의 농지를 전장(田莊)으로서 지급한 것이었다.[2]

② 이곳 촌락 농지가 왕궁의 전장이 되기 위해서는 그곳 주민 − 원래부터 그곳에 사는 농민과 무전농민을 모집하여 농지를 분급해준 농민 − 이 그 소유농지에서 공평한 세역(稅役)을 징수하도록 그곳 지방관청이 호구(戶口)를 조사하고 양전(量田)을 하여 결부(結負)를 정해주지 않으면 안 되었다. 농민의 입장에서는 결부를 정해 받는 것이었다. 그래서 그 농지를 '연수유답(烟受有畓)', '연수유전(烟受有田)'이라고 하였다.

이 원칙에 따라서 그 뒤 성덕왕(聖德王) 21년(722)에는 '始給百姓丁田'하는 전국적인 양전을 하게 되고, 백성의 소유지에 대하여 결부(結負)를 정해주게 되었다.[3] 말할 것도 없이, 이 경우에는 왕궁(王宮)의 전장에서와 같이 두루말이 문서를 작성하여 보고할 필요는 없었으며, 지방관청이 세역부과를 위해서 토지소유대장(土地所有臺帳)과 호구대장(戶口臺帳)을 작성하여 보존하고 이용하면 되었다.

2) 대토지소유제(大土地所有制)의 발달

이때에는 장기간에 걸친 통일전쟁의 혼란으로 농업생산이 마비되었으므로, 토지소유의 주체에도 변동이 일어나는 가운

데 토지의 사적소유(私的所有) 관계가 크게 발달하였다. 그것
은 신라인뿐만 아니라 백제나 고구려 유민의 경우에도 마찬가
지였으며, 또 귀족층, 서민층의 어느 경우에도 마찬가지였다.[4]

(1) 왕실 · 귀족 · 관료층

그러한 가운데서도 종래의 진국(辰國) 진한(辰韓)의 삼한 건
설, 특히 그 사회경제 제도의 전통이 순장(殉葬) 관행을 동반하
는 노예제적 대토지소유제(大土地所有制)였음과도 관련, 토지
의 사적소유를 바탕으로 하면서 신라 중심의 통일이라고 하는
새로운 상황과도 관련하여, 중세 봉건적인 대토지소유자로 크
게 성장할 수 있었던 계층은 주로 신라의 귀족층이었다.[5]

왕실이 광대한 전장(田莊 : 莊土)을 소유하였음은 말할 것
도 없지만, 여타의 많은 귀족들도 그러하였다. 통일전쟁에서
특정 공로자에게는 대규모의 장토(莊土)나 식읍(食邑)이 주어
졌으며,[6] 그밖의 장졸(將卒)에게도 상이 내려졌다.

중국의 사서에 '신라의 재상가(宰相家)에서는 수취하는 녹
(祿)이 끊이지 않았고, 노동(奴僮)이 3천 명이나 되었다'고 한
것은 그 표본적인 예가 되겠다.[7] 여기서 녹(祿)은 양곡이 되겠
고, 노동(奴僮)은 사병(私兵)이고 전호(佃戶)농민이 되겠다. 바
다 한가운데 섬에다 축목(畜牧)을 하여 필요할 때 사살(射殺)해
서 쓰며, 사람들에게 양곡을 대여하였다가 규정대로 갚지 못하

면, 잡아다가 노비(奴婢)로 부렸다.

그리고 일반 문무관료(文武官僚)들에게도 전토(田土 - 官僚田)가 주어졌다. 전쟁이 끝나고 전국의 지방제도가 어느 정도 자리를 잡은 신문왕(神文王) 7년(687) 5월에 '문무관료들에게 차이를 두어 밭을 내리도록 교서를 내렸다〔敎賜文武官僚田有差〕'고 하였음이 그것이다.[8]

관료들에게 지급한 이 관료전(官僚田)은 규모가 큰 것이 아니었을 것으로 생각되지만, 토지확대의 기반은 될 수 있었을 것이다.

또 지방제도가 개정되고 새로운 외위제도(外位制度)가 마련된 - 경위제(京位制)의 지방사회에 대한 확대 적용 - 뒤에는 신라의 귀족들은 인연이 있는 지방으로 확산해 나가는 바가 더욱 많아졌는데, 그들은 본래부터의 호민(豪民), 호족(豪族)세력과 함께 그러한 지방에 토지를 집적(集積)하여 경제기반을 마련하는 것이 관례였다.

(2) 사원(寺院) 승려

그리고 이 밖에 이 시기에는 불교사원(佛敎寺院)은 말할 것도 없고, 승려(僧侶) 개인으로서도 또한 여러 가지 방법으로 대토지소유자가 되었다. 어떤 승려는 12개 구(區)의 장토(莊土)에 5백 결(結)이나 되는 거대한 토지를 소유하기도 하였다.[9]

왕실, 귀족, 사원, 승려들의 이러한 대토지는 전장(田莊)이라고 불렸는데, 전장이 넓으면 넓을수록 이를 관리 경영하기가 어려웠다. 대토지소유자들은 일정한 관리기구를 두고 조직적으로 운영하지 않으면 안 되었다. 사원에서는 그러한 기구로서 장사(莊舍)를 설치하고, 거기에 관리인으로서 지장(知莊)을 파견하였다.[10]

지장의 소임은 전장(田莊)을 지주전호제(地主田戶制)로서 경영하되, 노비(奴婢)와 양인(良人)으로 구성된 농노적(農奴的)인 전호(佃戶)농민으로 하여금 경작시키고, 지대(地代)를 징수하는 등 일체의 관리사무를 맡아보는 것이었다. 이러한 전장의 관리 경영형태는 일반 귀족의 경우에도 마찬가지였을 것이다.

3) 농민적 토지소유

(1) 농민소유지의 실태

농민층의 토지소유는 귀족층의 그것에 견주어 영세하였다. 토지소유 농민들은 소토지(小土地)를 소유하고 주로 가족노동에 따른, 자경소농경영(自耕小農經營)을 하는 것이 표준이었다. 적으면 겨우 몇 무〔數畝〕의 농지를 소유하는 데 지나지 않았고, 많으면 10결 남짓되는 대농경영(大農經營)을 하는 농민도 있었다. 말할 것도 없이, 무전(無田)농민도 허다하였다.

(2) 국가의 전농지(全農地) 파악 : 정전(丁田)

통일전쟁으로 인구가 감소하고 농지가 황폐해진 곳은 농지소
유 규모가 가장 큰 지대가 아니었을까 생각된다. 이 같은 곳에
서는 앞서 〈신라촌락문서〉에서 살핀 바대로 농민층에 대한 농
지 분배도 있었을 것으로 생각된다. 그럴 경우 그 문서의 농지
분급을 기준으로 제정한, 앞에서 나온 성덕왕(聖德王) 21년(722)
추(秋) 8월에 '비로소 백성들에게 정전을 나누어 주었다〔始給百
姓丁田〕'고 한 '丁田'은 그 분급 원칙의 기준이 되었을 것이다.[11]

〈신라촌락문서〉에 기술된 4개 촌락의 일부 농민들의 경우는
그러한 지역의 예로 보인다. 그러한 곳에서는 연호민(烟戶民)이
받은 토지를 '연수유전(烟受有田)', '연수유답(烟受有畓)'으로 불
렀으며, 가호(家戶)당 평균 경작 규모는 10결 남짓이 되었다.[12]
더욱이 이들 촌락에는 대단히 많은 수의 뽕나무〔桑木〕, 잣나무
〔栢子木〕, 가래나무〔楸子木〕 등을 심고 있어서, 이곳 농민들은
그 재배를 위해 여러 날 부역노동에 동원되어야 했을 것이다.

그러므로 그들의 농지 규모는 너무 커 보이는데, 이때의 농
지는 모두가 상경전(常耕田)이 아니라 대부분 세역전(歲易田)
이었을 것이므로, 그 경작이 가능하였을 것이다.[13] 그리고 이들
촌락에서는 소와 말〔牛馬〕을 많이 기르고 있었으므로, 필요한
노동력과 거름〔施肥〕 등이 충분히 공급될 수 있었을 것이다.

하지만 이 같은 지역은 오히려 국가에서 정전(丁田)을 지급

한 예외적인 특정지역일 것이며, 많은 경우 다른 지역에서는
다만 양전(量田)을 하는 가운데 연호민이 소유하고 있는 농지
에 대하여 결부(結負) 등의 세역(稅役)을 정해주되〔量給〕, 그것
을 정전(丁田)으로 일컬었을 것이다. 그리고 그럴 경우에도 그
러한 농지는 연호민들이 결부(結負), 세역(稅役)을 정해 받았기
때문에, 연수유답, 연수유전으로 불렀을 것이다.

　이러한 경우의 농촌에는 그 촌민(村民)만이 자경농민(自耕農
民)으로서 소유한 농지만 있는 것이 아니라, 경우에 따라서는
이웃 촌락의 민, 또는 경(京)의 귀족 대토지소유자들이 소유하
고 있는 농지도 적지 않게 편재해 있었을 것이다. 그리고 그 촌
락에 사는 농민들 가운데에는 영세농(零細農)이나 무전농민(無
田農民)이 또한 적지 않게 있었을 것이므로, 그들은 귀족들의
전장(田莊)에 전호(佃戶)농민으로서 예속되거나, 대농경영(大
農經營)을 하는 부가(富家)에 용작(傭作)농민으로 의존함으로
써 생계를 이어나갔을 것이다.

　그러므로 농민들의 토지소유관계는 지방과 촌락에 따라 불
균등(不均等)한 것이 일반이었다 하겠으며, 이들에 대하여 국가
는 조용조(租庸調)의 무거운 부세(賦稅)를 징수하고 있었다. 자
경농민(自耕農民)의 경우에도 그 세액은 적지 않아서, 그들의
국가에 대한 관계는 전호(佃戶)농민의 봉건지주(封建地主)에 대
한 전세(田稅)와 지대(地代)에서만 차이가 날 뿐 흡사하였다.

4) 관료층의 녹읍제도(祿邑制度)

신라통일기에는 이 같은 농민의 토지소유를 바탕으로 그 위에 녹읍(祿邑)이라고 하는 경제제도가 설치되고 있었다. 정부에서 귀족관료에게 지급해야 할 녹봉(祿俸)을 지급치 아니하고, 귀족관료로 하여금 지방의 지정된 읍(邑 - 郡縣)에서 직접 수조(收租)하여 소유하도록 수조권(收租權)을 분급하는 제도였다. 이른바 수조권을 둘러싼 토지분급제(土地分給制)인 것으로서, 우리나라 중세의 봉건적 경제제도의 또 다른 일면의 특징을 잘 보여주는 제도였다.

이 제도가 언제부터 시행되었는지는 분명치 않지만, 아마도 고구려 대가(大家)의 지주제에서 먼저 시작되고, 신라에서도 통일 이전에 이미 설치되었던 것이 아닐까 생각되며, 한때 그만두었다가 다시 설치되었던 것으로 생각된다. 신문왕(神文王) 9년(689)과 경덕왕(景德王) 16년(757)의 일이었다.[14] 그래서 이 녹읍제도(祿邑制度)는 전기 녹읍(前期祿邑)과 후기 녹읍(後期祿邑)으로 구분되기도 한다.[15]

이와 유사한 제도인 식읍(食邑)이 이미 종전부터 있어왔지만, 이것은 특수한 몇몇 유공자(有功者)에게만 주어지는 것이었다.

(1) 녹읍제(祿邑制)의 운영

이때 마련된 이 녹읍제도는 모든 문무(文武)의 관료에게 국가의 관료로서 봉사하고, 국왕에게 충성하는 데 대한 반대급부로서 주어지는 것이었다. 이 시기의 봉건귀족들은 토지의 사적 소유〔田莊〕로써 농민을 지배하는 것 이외에도, 국가수조지(國家收租地)의 일부를 녹읍으로 받음으로써 '녹읍주(祿邑主 : 후대의 田主)'가 되어 녹읍 농민을 전객(佃客)으로 지배하도록 되어 있는 것이었다.

귀족관료에게 수조권(收租權)을 분급하는 녹읍제도의 내용이 구체적으로 어떠하였는지는 알려져 있지 않다. 그러나 국학(國學)의 학생녹읍(學生祿邑)이 청주(菁州) 거로현(居老縣)에 전체로 설치되었던 것을 보면,[16] 아마도 문무관료들의 녹읍도 관청 단위로 한 군현(郡縣)에 설치되었을 것이라고 생각된다.

그리고 그 안에 다시 개인별로 수조지(收租地)가 분급되었거나, 아니면 관청이 일괄 수조하여 소속 관료에게 분배해 주었을 것이라고 생각된다. 또 고관(高官)으로서 넓은 지역을 수조지로 받을 경우에는 한 개인이 한 군현 농지의 많은 부분을 녹읍으로 받을 수도 있었을 것이다.

(2) 녹읍제는 결부제(結負制)의 기초 위에

수조권(收租權)의 분급이 일정량의 조세(租稅)를 징수할 수 있는 토지를 분급하는 것이라면, 그 토지는 결부제(結負制)로서 파악되고 결부제를 단위로 하여 지급되었을 것이다. 따라서 녹읍제의 제정에는 소출(所出)과 지적(地積)을 조합(組合)한 결부제의 시행이 선행하거나 동시에 제정 시행되었을 것이라고 생각된다.[17] 수조권은 그같은 단위로서 분급하는 것이 공평하였을 것이기 때문이다.

그리고 이와 같이 녹읍제와 결부제가 연결되려면 수시로 적절하게 농지로부터 소출(所出)을 조사하고, 그 농지에 대한 수조량(收租量)을 조정할 필요가 있었을 것이다. 앞에서도 언급했듯이, '처음으로 백성에게 정전을 정해주었다〔始給百姓丁田〕'고 하였을 때의 '시급(始給)'은 이 같은 수조량(收租量)의 조정문제, 곧 국가가 백성들에게 그 농지에 대한 조세의 양(量), 곧 결부(結負)를 전국적으로 재조정해 주는 양전(量田) 문제와 깊은 관련이 있었을 것으로 생각된다. 무전농민(無田農民)에게 정전(丁田)을 분급하는 일도 이 같은 전제 위에서 행해졌을 것이다.

(3) 녹읍의 수조액(收租額)

녹읍(祿邑)에서 수조액(收租額)은 국가가 일반농민에게서 조세로서 징수하는 조액(租額)과 같았을 것이라고 생각된다. 수조권(收租權)의 분급은 국가가 가지고 있는 조세의 수취권을 일정기간 양도하는 데 지나지 않은 것이고, 또 그같은 내용의 녹읍은 수시로 가감될 수도 있는 것이므로, 그 조액(租額)이 다를 수는 없었을 것이기 때문이다.

이 경우 국가와 녹읍주(祿邑主)가 거두어들이는 조액(租額)이 얼마나 되었는지는 분명치 않다. 다만 한가지 분명한 것은, 국가가 조(租)를 수취하는 이 토지가 국유지(國有地)가 아니라 사유지(私有地)이며, 따라서 국가가 수취하는 조(租)는 지주(地主)가 자기 소유지(所有地)에 대해서 징수하는 지대(地代)가 아니라, 국가가 백성 공민(公民)에 대해서 거두어들이는 공조(公租)라는 점이다.

전자의 경우는 보통 '分半取1' 또는 '4分取1'하는 것이 관례이지만, 후자의 경우는 그렇게 될 수 없는 것이 상례였다. 후자의 경우는 아마도 '10分取1' 하는 것이 기준 또는 제도상의 규정이 아니었을까 생각된다. 공조(公租)는 동양(東洋)의 경우라면 역사적으로 볼 때, '什一稅'를 부과하는 것이 이상(理想 : 堯舜之道)으로 여겨졌다.[18]

그리고 신라 말의 일이기는 하지만, 고려 태조(太祖)가 즉위 초에 지배층이 부당하게 거두어들여 부세(賦稅)가 1경(頃 − 結)에 6석(石)이나 되어 민이 살 수 없게 되자, 구제(舊制), 구법(舊法)으로 돌아가 '什一稅'로서 1결(結) 2석(石)을 수취하도록 하였던 일은 그 예가 되겠다(주 21 참조).

그러나 제도의 규정과 그 제도의 운영에서 볼 수 있는 현실적 수조가 반드시 동일하였으리라고는 생각되지 않는다. 국가가 수조하는 것이 아니라, 녹읍주(祿邑主)가 수조할 경우에는 그러하였다. 그리하여 이러한 경우에는 평상시에도 대개 '10分取1'의 수조선(收租線)을 넘어섰을 것이지만, 혼란한 후삼국(後三國)시기에는 '10分取3'의 선(線)에까지도 미쳤던 것이다. 토지를 소유한 자경농민들은 이 같은 조세(租稅) 외에 역(役)과 조(調)를 또한 부담해야만 하였다.

2. 고려(高麗) 시기

중세의 농업 경제제도, 토지제도가 발달하는 제2단계는 고려 시기였다. 이때에는 신라통일기의 사회가 안고 있는 모순구조가 심각하였으므로 신라는 통일을 하였음에도 그 통일국가를 오래 유지하지 못하고 단명으로 무너졌으며, 새로운 통일국가 고려왕조가 성립케 되었다.

1) 신라통일기(新羅統一期) 사회의 역사적 모순구조

신라는 삼국 통일전쟁, 수(隋)·당(唐)의 천하체제(天下體制) 재건전쟁에서 나당연합(羅唐聯合)을 체결함으로써 백제와 고구려를 멸망시키고 신라통일(新羅統一)을 이룩하였다. 그러나 신라는 고조선(古朝鮮) 이래의 역사적 배경에서 볼 때 그 출자(出自), 연원(淵源), 정치이념(政治理念) 등 큰 틀에서 고구려, 백제와 달랐다. 신라는 고구려, 백제와 심각한 모순관계의 요인을 안고 있었으며, 더욱이 장기간 전쟁을 하였기 때문에, 신라는 3국을 통일한 뒤 고구려 백제의 유민과 일체가 되기 어려웠다.

곧 고구려, 백제는 그 전신이 맥족(貉族), 맥국(貉國) 또는 고죽국(孤竹國), 구려5족(句麗五族)으로서 고조선 단군정권의 직계 종족이었는데, 신라는 그 전신이 예족 예국으로서 그 출자는 기자정권의 서자(庶子)족 진국(辰國)집단의 일원이었다. 진국이 쇠퇴 남하하여 삼한을 건설할 때 진한(辰韓)으로서 동반 남하하여 사로국(斯盧國) 6촌에 정착함으로써 신라가 되었다.

고구려, 백제의 정치이념은 단군정권의 홍익인간(弘益人間), 부(富)의 균형 있는 배분, 농지의 자경소농제(自耕小農制) 유지를 계승하는 것이었다. 이에 견주어 신라의 정치이념은 기자정권 진국이 농지의 개발 발전 성장을 강조하는 가운데 사회가 상하로 크게 분화되고, 대토지소유자가 등장하여 순장(殉葬) 관행을 동반하는 동방형 노예제사회(奴隷制社會)를 건설코자 한 정치이념을 그대로 계승하는 것이었다. 두 세력의 정치이념은 극과 극으로 대립되었다.

따라서 협상을 통한 삼국통일이 아니라 전쟁, 그것도 나당연합(羅唐聯合)을 통해서 신라 중심으로 통합된 신라통일기의 사회 정치가 삼국의 민이 화합하는 가운데 원만하게 운영되기는

어려웠다. 신라통일기에는 건국 이래의 정치이념인 대토지소
유제에 따르는 모순구조를 그대로 안고 있었기 때문이었다. 그
리하여 통일신라는 겨우 200여 년 동안 국가를 유지하고, 후삼
국으로 민족이 재분열하였다.

2) 고려의 후삼국(後三國) 통합과 과거관료제(科擧官僚制) 시행

고려가 후삼국의 혼란을 수습 통합함으로써 비로소 삼국이
다시 하나가 되는 통일이 될 수 있었다.

(1) 고려의 건국세력 : 고구려 유민과 신라의 반체제 세력

고려는 옛 고구려 지역에서 일어난 고구려 유민이 신라의 반
체제적, 반신라적 정치세력과 결합하여 건설한 국가였다. 그러
므로 고려는 고구려 계승의식을 표방하여 나라이름〔國號〕도 고
려라 하였지만, 그들이 처한 현실적 정치, 사회, 경제의 바탕은
신라의 그것이었으므로, 이 양자를 종합함으로써 고려국가의
새로운 질서 체제를 건설하고자 하였다.

(2) 신라통일기 현실 정치사회의 모순구조 : 골품제와 관료 제의 상충

고려시기의 농업 경제제도, 토지제도를 이해하려면 앞에 언

급한 고구려, 백제, 신라의 3국의 정치이념상의 대립구도와 역사적 모순구조뿐 아니라, 신라통일기의 현실 정치사회가 안고 있는 모순구조가 구체적으로 어떠한 것이었는지도 파악할 필요가 있다.

신라통일기에는 집권적 관료체제가 성립되고 있었지만, 그것은 골품제(骨品制)사회 안에서 일이었다. 그러므로 이 시기에는 관료제(官僚制)가 갖는 본질적 성격과 골품제가 내포하는 본래의 성격이 상충하는 가운데, 그것은 역사의 진전과 더불어 체제의 모순으로 심화되고 있었다. 이러한 모순은 마침내 체제의 재편성을 불가피하게 하였다.[19] 골품관료제의 해체와 과거관료제(科擧官僚制)의 성립을 바탕으로 하는 중세사회(中世社會) 국가체제의 재편성이었다.

(3) 지방세력의 정치 · 경제적 성장과 국가체제 재편성의 주체로

그러나 이 같은 변동은 단순한 정치상의 변동이 아니었다. 변동의 바탕에는 그것을 가져오게 한 사회경제의 기반이 형성되고 있었으며, 따라서 그것은 잔잔하지만 해일과 같이 밀려오는 사회변동의 물결이기도 하였다. 그러한 사회경제적 바탕의 형성은 신라 말에 있었던 지방세력의 정치적, 경제적 성장이었다.

이때의 지방세력은 본래 골품제적인 신분체계의 말단에 있는 한미한 골품귀족(骨品貴族)이 주였으나, 지방에서 경제적 성장

을 바탕으로 하여 이제 신라에 대한 반체제(反體制), 반골품(反
骨品)적인 사회세력이 되고 있었다. 그들은 반체제 활동을 후삼
국기의 지방 할거와 고려국가의 건설로까지 몰고 갔다.

이들의 활동의 추진력이 되었던 것은 그들의 경제력과 이를
바탕으로 한 정치적 역량이었다. 광대한 전장(田莊)과 녹읍(祿
邑)을 소유하고 지방민을 지배할 수 있었던 경제력 및 정치력이
바로 그것이었다.[20]

지방세력은 이 같은 경제력을 바탕으로 사회적·정치적으로
성장하였으며, 이어서는 중세국가의 체제를 재편성하는 주체
가 되기도 하였다.

3) 고려초기 농업정책의 두 방향

그러므로 고려시기, 곧 중세 제2단계의 농업정책은 이들 사
회세력의 이해관계와 관련해서 마련되지 않을 수 없었다. 그것
은 이미 이전부터 있어 온 중세적 농업정책의 원칙 테두리 안
에서 재조정하고 발전시켜 나가는 방향으로 제도화해 나갔다.
그것은 두 방향으로 추진되었다.

(1) 정확한 결부양전(結負量田)과 조세 십일제(什一制)로

그 하나는 국가가 수취하는 조세(租稅)를 '십일제(什一制)'로

재확인하는 일이었다. 이를 성취하려면 농지에 대한 결부양전 (結負量田)을 정확히 수행해야 하였다. 중세국가에서 모든 경제 제도, 토지제도, 재정운영은 국가 수취의 조세제도가 바탕이 되고 원칙이 되었으며, 이 문제는 농민층의 생사를 가늠하는 문제이기도 하였으므로, 이를 국초의 농정책으로서 특히 내세운 것이었다.

농민들 가운데는 비교적 큰 규모의 토지를 소유한 부농(富農)도 있기는 하였으나, 그 대부분은 소규모 토지를 소유한 자경소농층(自耕小農層)들이었다. 그리고 그 밖에 전혀 토지가 없는 농민〔無田農民〕도 매우 많아서, 이들은 대토지(大土地)를 소유한 귀족이나 사원(寺院)의 전호농민(佃戶農民)으로서 살았다.

이러한 조세제도의 확립은 정확한 양전(量田)을 통해서 농지의 결부(結負)가 공정하게 파악되어야 하였다. 하지만 정확한 결부양전(結負量田)을 기대하기는 어느 시기나 쉽지 않았고, 따라서 '십일제(什一制)'의 조세제도를 확립하는 것도 쉬운 일일 수 없었다.

이를 역사에서 보면, 고조선 이래의 맥족(貉族), 맥국(貉國) 계의 정치이념을 실현코자 한 것이었다. 이는 신라 말에 지배층이 지나치게 거두어들여〔暴斂〕 부세가 1경(頃 : 結)에 6석(石) 씩이나 되어 민(民)이 살기 어렵게 되자, 이를 구법(舊法) 천하통법(天下通法) '십일제(什一制)'로 개정하여 '1負出租3升', 곧 '1結2石'씩 받도록 함이었다.[21]

(2) 농민지배는 지주전호제(地主佃戶制)와 전주전객제(田 主佃客制)로

다른 하나는 토지의 사적 소유권(私的 所有權)이 재확인되는 가운데 지주전호제(地主佃戶制)가 발전하도록 한 일과 수조권 (收租權)을 분급(分給)하는 경제제도가 더 발전된 형태로 재편 성되는 가운데, 지배층은 지주전호제(地主佃戶制)와 전주전객 제(田主佃客制)로서 농민을 지배하게 된 일이었다.

그리하여 이때는 토지의 소유권(所有權)과 수조권(收租權)이 병행되고 복합되는 가운데, 우리나라 특유의 중세적 경제제도, 토지제도의 발전이 절정에 달하게 되었다. 봉건적인 경제제도 로서 전주전객제는 국가권력을 통해서 직접, 간접으로 지원되 고 있었으며, 지배층은 이로써 농민들을 더욱 철저하게 지배(經 濟外的 强制)할 수가 있었다. 이 문제는 뒤에 다시 논의되겠다.

4) 고려 초기 토지사유제와 대토지소유자층의 농장(農莊) 경영

(1) 농지제도는 토지 사유제(土地私有制)의 기초 위에

이 시기에는 토지의 사적 소유권(私的 所有權)이 누구에게나 인정되고 있었다. 토지의 소유권이 점유권(占有權)과 구분되는 근거는 토지의 소유 주체에게 자기 의사에 따라 매매(賣買), 상 속(相續), 양도(讓渡)할 수 있는 권리가 주어지고 있는 점이다.

이때의 토지 소유권자들에게는 그러한 여러 가지 권리가 제도적으로 보장되고 있었다.

토지의 소유권자는 개인일 수도 있고, 사적기관(私的機關)일 수도 있고, 또 국가일 수도 있었다. 이와 같이 소유권이 국가에 있는 토지는 정말로 국유지(國有地)였다. 우리나라 중세의 경제제도, 토지제도는 이 같은 토지의 사적 소유권의 바탕 위에 수립되고 있었다.[22]

(2) 토지소유는 신분계급(身分階級)에 따라 차이

사적소유 관계에 있는 토지가 현실적으로 어떤 신분계급에 의하여 주로 소유되고 있었느냐 하는, 양적(量的)·계급적(階級的)인 문제에 이르러서는 신분계급 사이에 커다란 차이가 있었다. 봉건적인 국가기구 속에서는 그 운영과도 관련하여, 토지의 소유관계는 현실적으로 신분계급에 따라 편제될 수밖에 없도록 되어 있었다.

(3) 대토지소유자들의 농장(農莊) 장원(莊園) 경영

대토지를 소유하고 온갖 부귀를 누리는 것이 왕실, 귀족, 관료, 토호(土豪)층, 그리고 사원(寺院)이었음은 말할 것도 없었다. 그 가운데에서도 최대의 토지소유자는 왕실이었다. 고려왕조를 세운 왕건(王建)은 개경(開京)지방의 토호였으므로 본디 많은 토지를 소유하고 있었지만, 후삼국(後三國)을 재통합한 뒤에는 각 지방에 더욱 많은 광대한 토지를 소유할 수 있게 되었다.

귀족들도 마찬가지였다. 이들은 대부분 신라 말년의 토호층이고 지방의 귀족이었기에 그 경제기반은 단단하였는데, 고려 국가의 건국과정에 참여함으로써 그 기반으로서 토지를 유지하고 확대시켜 나갈 수 있었다. 더욱이 건국과정에 공로가 있는 귀족에게는 토지가 상으로 지급되기도 하였다. 다만 토지는 매매로써 자유롭게 이동될 수 있었으므로, 귀족들의 토지소유에는 규모의 차가 있을 수 있었다. 따라서 귀족 가운데에도 혹 소규모의 토지를 소유하는 데 지나지 않거나, 그것조차도 소유하지 못한 무전(無田)의 빈한한 귀족도 없지 않았다.

사원(寺院)의 토지소유는 특히 두드러진 바가 있었다. 불교는 국가의 농민통치에 정신적 지원자로서 공헌하고 있었던 만큼, 그 사원은 국가로부터 보호를 받고 경제적 보상으로서 많은 토지를 받고 있었다. 그뿐만 아니라 귀족층 신도들로부터는 많은 토지를 기진(寄進)받기도 하였다. 그리하여 큰 사원은 각처에 광대한 토지를 소유하였으며, 그 위치 영역을 표시하고자 장생표(長桂標)를 세우기도 하였다.

귀족이나 사원의 대토지는 농장(農莊), 장원(莊園)을 형성하고 경영[直營] 농장 또는 병작(並作)으로서 경영되었다.

(4) 전호농민(佃戶農民)의 사회계층

귀족이나 사원의 농장, 장원의 전호농민(佃戶農民)이 되는 것은 보통 두 부류의 사회계층이었다.

그 하나는 노비(奴婢)였다. 귀족이나 사원은 토지와 함께 많은 노비를 소유하고 있었으므로, 그들은 이들 노비를 솔거(率居) 또는 외거(外居)시킴으로써 전호농민(佃戶農民)으로 농지를 경작하게 하고 있었다.[23] 이런 경우 노비는 경제적으로나 사회적으로 그 상전(上典)에게 완전히 예속되어 있는 농노(農奴)였다. 그 밖에 타인의 노비로서 전호(佃戶)가 되는 경우도 있었는데, 이 같은 노비도 그 처지는 전자와 크게 다르지 않았다.

다른 하나는 일반 양인(良人)으로서, 토지를 소유하지 못한 무전농민(無田農民)이거나, 원래 토지소유 농민이었으나, 어떤 사정으로 말미암아 몰락하여 이같이 전호농민이 되고 있었다. 이들은 처간(處干)이라고도 불리웠다.

이들의 지주에 대한 관계는 제도적으로는 지대(地代)만을 상납하고, 용(庸)과 조(調)는 국가에 바치도록 되어 있는 이른바 병작반수(並作半收)관계로서, 거기에는 지주(地主) 전호(佃戶) 사이의 대등개념이 내포되어 있었다. 그러나 현실적으로는 지주층의 수탈이 가혹하여, 아주 몰락 실세(失勢)한 농민이거나 채무관계에 있는 농민일 경우 농노적(農奴的)인 상태에 있는 것이 보통이었다.

봉건지주층의 농장(農莊), 장토(莊土)는 말하자면 그들에게 직속된 부자유한 전호층(佃戶層)과 예속관계가 비교적 느슨한 자유로운 전호층(佃戶層)을 통해서 생산 경영되고 있는 셈이었다.[24]

(5) 농장(農莊)이 징수하는 지대(地代)

지주가 거두어들이는 지대(地代)는 반타작(半打作 : 並作半收)을 하는 것이 관례였으나, 진전개간(陳田開墾) 등에 전호층(佃戶層)의 노동력이나 자금(資金)이 특별히 많이 투입될 경우에는 '3分取1'이나 '4分取1'로 경감되는 수도 있었으며, 이와 달리 가혹한 지주의 경우에는 반타작(半打作) 이상으로 많아지는 경우도 있었다. 국유지의 지주경영(地主經營)에서는 노역(勞役)이나 기타의 농민수탈과도 관련하여 '4分取1'을 제도화한 경우도 있었다. 이는 전시과제도(田柴科制度)가 성립되기 이전부터의 농업관행이었다.[25]

5) 고려시기의 전시과(田柴科), 녹과전(祿科田), 과전법(科田法) 시행

고려시기에서 조선 초기에 걸치면서는 이 같은 토지소유관계 위에서 전시과(田柴科), 녹과전(祿科田), 과전법(科田法)이라고 하는, 수조권(收租權)을 분급하는 경제제도가 시행되고 있었다.[26]

(1) 신라시기의 녹읍제를 계승 발전시킨 제도

이 수조권 분급제는 중세초기의 녹읍제도(祿邑制度)를 계승한 것이었다. 문무관료(文武官僚)·향리(鄕吏)·군인(軍人)·공음자(功蔭者) 등 봉건지배층에게 그들이 봉건왕조에 봉사한 것에 대한 대가로 그들의 신분(身分) 직역(職役)의 높고 낮음에 따라 '수백 결'에서 '10여 결'에 이르는 농지의 수조권(收租權)을 지급하는 농지분급제도(農地分給制度)였다. 녹읍(祿邑)이 관청 단위로 읍(邑)에 설치된 데 대하여, 이때의 일련의 과전(科田)은 개인별로 각자에 나누어 주고 있었다.

그리하여 봉건국가는 이들 수조권자(收租權者)를 '전주(田主)'(이 경우의 전주는 엄밀하게는 '과전주[科田主]'이다), 납조자(納租者 - 토지소유자·농민)를 '전객(佃客)'으로 규정하였으며, 수조권자는 전주로서 농민을 전객으로 지배하도록 되어 있었다. 수조권을 지급하는 농지제도는 이제 집권적(集權的) 봉건국가의 경제제도로서 한층 완벽해지고 있는 셈이었다.

그러므로 농민들은 토지를 소유한 자경농민(自耕農民)일 경우에도, 그 토지의 소유권은 이 같은 지배층의 수조권(收租權)=전주권(田主權)에 제약을 받는 불완전한 것이었다. 바로 이 점이 중세적 토지소유권이 갖는 한계이고 특징이기도 하였다.

(2) 공해전시(公廨田柴) 설치

수조권을 중심으로 한 농지분급제도는 위에 언급한 바와 같은 봉건지배층에게만 수조의 권리를 분급하는 제도는 아니었다. 이와 아울러서는 나라의 주인을 자처하는 왕실(王室) 및 궁원(宮院)을 비롯하여 각급 관청에도 또한 같은 내용의 토지가 분급되었다. 공해전시(公廨田柴)가 그것이었다. 봉건국가는 그 국가기구의 운영을 위해서 일정액수의 수조권을 각급 기관에 나누어 줌으로써 그 기관의 운영에 필요한 경비를 해결하고 있는 것이었다.

그런데 국가에서는 국가기관에 대한 수조지(收租地)의 분급과 지배층에 대한 그것을 대등하게 하고 있었다. 그러한 점에서 지배층에 대한 수조지의 분급은 집권적 봉건국가 그 자체의 운영원리로서 마련되고 있는 셈이었다. 그러므로 이 경제제도는 국가 체제의 발전과 더불어 변동될 수 있는 것이기도 하였다.

(3) 수조권(收租權)제도의 모순과 그 분급 규정의 변동

전시과(田柴科), 녹과전(祿科田), 과전법(科田法) 등에서 볼 수 있는 수조권(收租權) 분급의 내용은 그때마다 조금씩 달라지고 있었다. 시대가 진전함에 따라 제도상의 결함과 그 운영을 둘러싼 사회적 모순이 심화되고, 따라서 그것을 바로잡지 않으면 안 되었기 때문이었다. 처음에는 수조권 분급이 농지와 함께 시지(柴地)도 포함하며, 결수(結數)도 많고, 전국 각지에 주어지고 있었지만, 후대에는 농지만으로 한정하고, 결수(結數)도 적어졌으며, 지역도 경기(京畿)로 한정하였음이 그것이었다.

수조권으로 농민을 지배할 수 있는 권한은 처음에는 강대하였으나, 후대로 내려올수록 제한되고 약화되고 있었다. 그러나 그렇더라도 과전법(科田法) 단계까지는 수조권자의 전주(田主)로서의 기능은 강하였고, 이를 통해서 지배층은 농민을 지배하는 가운데 봉건지주로서 성장해 나갈 수가 있었다.

(4) 과전주(科田主)가 수취하는 조액(租額)

수조권자(收租權者)가 과전주(科田主)로서 농민으로부터 징수하는 조액(租額)은 국가가 농민에게서 조세로서 징수하는 조액과 같았다. 수조권은 국가가 그 수조지의 일부를 일시 과전주(科田主)에게 분급해주는 것이므로, 국가가 수조할 때와 과전주가 수조할 때가 다를 수는 없었다. 조율(租率)과 조액(租額)은 '10分取1'로서 '1結 糙米2石'이었다.[27]

이 같은 조율과 조액은 《고려사(高麗史)》에서 보면, 태조(太祖) 즉위 초의 농정책(農政策)과 고려 말의 과전법(科田法) 규정에 명기되어 있다. 태조(太祖) 때의 '1結米2石'에 관한 규정, '什一稅'에 관해서는 의문도 제기되고 있지만, 자료가 말하는 대로 믿는 것이 옳다고 생각된다.

그뿐만 아니라 '1結 糙米2石'의 조액은 규정상의 액수에 지나지 않은 것으로서, 실제로 과전주의 수조는 이보다 많아지는 것이 보통이었다. 과전주(科田主)가 직접 조를 거두어들일 경우와 조세행정이 문란해질 경우에는 더욱 그러하였다.

그리하여 이 시기의 중반 이후가 되면, 과전주의 수조권을 통한 농민수탈이 심해지고 그 수입이 늘어났다. 그리고 그러한 수조과정에서 농민들이 조세수납을 못할 경우에는 이런저런 이유를 들어 그 농지의 소유권을 헐값으로 매수, 점탈하기도 하였다. 그들은 수조권의 운영으로 농지를 겸병, 집적하고 전장(田莊)의 규모를 확대시켜 나갔다.[28]

3. 조선(朝鮮) 전기

중세의 경제제도, 토지제도의 발전과정에서 제3단계를 이루는 것은 조선 전기였다. 이때에는 고려의 국가발전과 그 경제기반으로서 농업 생산력 발전이 균형을 이루지 못하는 가운데 국운이 다하고, 그 안에서 유자(儒者)로서의 신흥사대부(新興士大夫) 계층과 무인(武人)이 민의(民意)를 얻어 조선왕조(朝鮮王朝)를 건설한 때였다. 그러므로 조선의 국가건설 과정에서는 무엇보다도 농업생산을 증진시키는 일이 시급하였다.

그리고 이때에는 봉건적인 경제제도로서 수조권(收租權)을 중심으로 한 농지분급제가 과전법(科田法)으로서 한동안 시행되다가, 직전법(職田法)으로 대체되면서 점차 약화, 소멸되고, 토지의 사적소유권에 바탕을 둔 자경소농제(自耕小農制)와 지주전호제(地主佃戶制)만이 봉건적인 경제제도로서 잔존 발전하게 되는 시기였다. 지배층에게 분급했던 수조권이 모두 회수되어 국가수조(國家收租) 아래에 들게 된 것이다. 그러므로 이 시기의 국가건설 과정에서는 이 같은 문제들이 또한 시급히 정리되어야만 하였다.

1) 여말선초(麗末鮮初)의 농업생산 증진책

고려인들도 국가가 건전하게 발전하려면 그 기반으로서 농업생산력의 발전이 그에 걸맞을 만큼 충실해야 한다는 사실을 잘 알고 있었다. 고려인들은 몽골 지배 아래에서 원(元)제국에 유학하여 연구도 하고 공식적으로 왕래도 하면서, 그들의 중국 통치정책, 문명전환정책을 실감하고 있었다. 원제국은 그가 정복하고 지배하는 중국을 좀 더 충실하게 통치하고, 원제국을 훌륭한 나라가 되게 하고자 국가사업 - 대사농사(大司農司) 주관 - 으로서 중국의 농서인 《농상집요(農桑輯要)》를 편찬하였다.[29]

(1)《농상집요(農桑輯要)》의 복각 주석

고려에서는 그 말년의 시급한 농업생산 증진을 위해서, 이암
(李嵒)이 구입해온 이 농서를 몇몇 인사들이 협력하여 경상도
합천(陜川)에서 복각 간행하였다. 고려판《원조정본 농상집요
(元朝正本農桑輯要)》였다. 그러나 고려에서는 그 간행의 효과
를 보지 못한 채 왕조교체를 맞았고, 다소나마 이 농서의 영향
과 자극을 받은 것은 조선이었다.

조선에서는 태종(太宗)조에 이 농서를 조선의 실정에 맞도록
이두(吏讀)로 번역, 주석하여《농서집요(農書輯要)》를 편찬, 이
용하고자 하였다. 태종의 죽음으로 세종(世宗)이 그 사업을 계
승하여《농서(農書)》,《잠서(蠶書)》로 재정리하여 간행하였으
나,《농서(農書)》는 현재 전하지 않는다. 그런데 현재 단편으로
남아있으며 후대에 복사한 것으로 보이는 태종조의《농서집요
(農書輯要)》에 따르면, 중국의 농업기술 농법과 조선에서 관행
하는 그것은 근본적으로 다른 점이 있어서 그것을 그대로 이용
하기는 적절하지 않았다.

(2) 조선의 농업관행(農業慣行) 조사와《농사직설(農事直說)》 편찬

세종은《농서집요(農書輯要)》와《농서(農書)》는 참고용으로
돌리고,《농상집요(農桑輯要)》도 참고하면서, 고조선 이래로

전해오며 발달하고 있는 전통농법을 발굴 조사하여 조선농서 (朝鮮農書)를 편찬·간행하기로 하였다. 농업은 자연환경, 풍토와 밀접하게 관련되는데, 조선은 중국과 풍토가 다르다는 점을 특히 의식하고 있었다. 그리하여 농서 편찬을 위한 기초 사업으로서 경상도(慶尙道), 충청도(忠淸道), 전라도(全羅道) 감사로 하여금 그곳 노농(老農)들을 시켜 그 지방에 관행하는 전통농법을 충실히 조사 정리하여 보고토록 하였다.

세종은 이렇게 해서 올라온 조사보고서를 정초(鄭招)와 변효문(卞孝文) 등으로 하여금 세밀히 검토, 연구하여 잘 다듬어진 농서로 편찬할 것을 지시하였다. 그들은 그 명에 따라 이를 간결 직설(簡直)을 위주로 한 농서로 편찬하여 보고하게 되었다. 태종이 중국 농서를 이두로 주석하여 이용하고자 했던 때부터 15년의 세월이 걸렸다. 세종 11년에 간행된 《농사직설(農事直說)》이 그것이었다. 정부 관료들에게 한 부씩 배본하며 자축하였다.

《농사직설》은 중국의 농서와 다르면서도, 고조선 이래의 고유한 전통농법을 농서로서 체계를 갖추어 정리한 최초의 조선농서가 되었다. 조선에서는 그 뒤 농업생산을 증진하기 위한 농업정책에서 이 농서가 교본으로서 활용되었다. 세종은 농업생산을 발전시키려면 지방수령들의 권농활동이 중요하다는 사실을 인식하고, 그 26년에는 그의 농정이념(農政理念)을 담은 〈권농교문(勸農教文)〉을 하위지(河緯地)로 하여금 작성케 하여

보급하였다. 그리하여 이 두 글은 그 뒤 조선 전기 농업정책의
지침서가 되었다.

(3) 《농사직설》의 농서로서 한계와 보완

《농사직설》은 조선 삼남(三南) 지방에 관행하는 농법을 양식
(糧食)작물, 구곡(九穀) 중심으로 간결하게 정리한 농서였다는
점에서 삼남지방 위주의 개성 있고 특성 있는 농서였다. 그렇
기 때문에 이 책은 전 조선의 농업생산을 지도해야 하는 농서
로서는 부족하였고, 여말 선초의 전환기 변혁기의 농업생산을
감당하고 신국가의 체제를 공고히 해야 하는 농서로서는 더욱
큰 한계가 있었다.

《농사직설》은 융통성이 없는 교과서였기에, 이 농서를 농업
생산 지침서로서 계속 활용하려면 첫째, 이 농서를 측면에서
지원하고 보완하는 다른 농서가 필요하였고, 둘째, 이 농서로
농업을 지도하는 권농관, 지방관이 필요로 할 때 언제든지 찾
아볼 수 있는 참고서로서의 농서가 필요하였다.

이 시기에 전자의 농서로서 편찬된 농서는 ① 《금양잡록(衿
陽雜錄)》, ② 《사시찬요초(四時纂要抄)》, ③ 《농사직설(農事直
說)》(昌平縣 복각본)의 '목면경종법(木棉耕種法)' 증보, ④ 《사
시찬요(四時纂要)》의 '종목면법(種木棉法)' 등을 들 수 있고, 후
자로서 참고되었던 농서는 ① 《농상집요(農桑輯要)》 원본, ②

《사시찬요(四時纂要)》(蔚山 복각본 – 원본을 복각하면서 '종목면법(種木棉法)'을 보충하고 있었다), ③ 왕정 《농서(農書)》 등이 있었고, 이 왕정 《농서(農書)》는 복각이 명해지고 있었다.[30]

2) 과전법 시행의 모순구조와 그 타개책

(1) 과전법의 시행과 모순구조

먼저 우리는 조선왕조가 과전법을 시행하는 가운데 모순구조가 어떻게 드러나고 있었는지 살피는 것이 좋겠다.

고려시기에도 집권적 관료체제가 발달하고 있었지만, 그것은 지방세력의 여러가지 이권(利權)을 상당부분 인정한 위에서의 일로서, 집권관료체제로서는 아직 미숙하였다. 국가 수조지(收租地)의 일부를 귀족관료들에게 분급하지 않으면 안 되었던 이유도 여기에 있었다.

그러므로 고려시기에는 집권화를 지향하는 봉건국가의 관료체제의 속성과 지방에 경제적 이권을 추구하는 귀족층의 분권적(分權的) 경향이 상충하는 가운데 모순이 심화되고 있었다.

이를 수조권(收租權) 문제를 중심으로 생각한다면, 국가수조(國家收租)와 과전주수조(科田主收租)의 대립문제였다. 더욱이 이와 아울러서 수조권을 취득하기 위한 귀족관료층(貴族官僚層)끼리의 경쟁, 대립도 일어나고 있어서 사회는 혼란하였다.

그뿐만 아니라 귀족관료층, 즉 과전주(科田主)의 수조지의 확대는 궁극적으로 농민의 토지소유권을 침해하였으므로, 수조권자(收租權者 : 科田主)와 소유권자(所有權者 : 佃客) 사이에 타협할 수 없는 이해관계의 대립이 있었다. 이는 고려에서부터 조선사회가 안고 있는 더 심각하고 본질적인 모순관계의 하나이기도 하였다.

그러므로 이 시기에는 이 같은 문제들이 총괄적으로 해결되지 않으면 안 되었다. 그것은 체제의 재편성을 불가피하게 하는 문제였다. 고려 말에서 조선 초에 걸치는 일련의 집권적 관료체제의 재정비 강화와 전제(田制) 및 세제(稅制)의 개혁을 중심으로 하는 중세사회의 재편성, 곧 조선사회의 성립은 그 결과물이었다.[30]

국가와 과전주 양반관료는 본래 지배기구와 지배층으로서 농민을 지배한다는 점에서 이해관계를 같이 하는 존재였다. 그러나 그러면서도 국가의 재원과 과전주의 수조원이 같은 농민층으로부터의 조세징수라는 점에서는 이들은 서로 대립할 수 있는 존재이기도 하였다. 그리고 실제로 역사는 그렇게 전개되었다.

과전주(科田主)의 수조지 확대는 국가재원을 침식하므로 국가는 이들을 견제하지 않으면 안 되었다. 이 경우 국가재정은 특히 군수(軍需), 녹봉(祿俸), 기타 등등에 관한 경비조달이 중심이 되는 것이므로, 특정한 과전주(科田主 - 權勢家)들의 수조지 확대가 이 같은 재정운영에 관련된 모든 계층, 특히 군인들의 불만을 유발하게 되었음은 말할 것도 없었다.

외적의 침입이 계속되는 상황에서 군수재원(軍需財源)의 감축은 국가의 존립을 위태롭게 하는 것이기도 하였다. 그들은 이 같은 농지분급제의 불합리는 개혁되어야 할 것임을 요구하게 되었다.

수조권을 둘러싼 양반관료층끼리의 대립은 주로 중앙의 귀족권세가(貴族權勢家)와 지방에서 새로이 성장하고 있는 이른바 신흥사족(新興士族), 신흥관료(新興官僚)들 사이에서 일어났다. 중앙의 권세가들은 그 권귀(權貴)를 배경으로 여러 가지 이유를 내세워, 국가로부터 규정 이상으로 수조권을 받아냈다. 그리고 앞에서 지적했듯이 농민들로부터는 가혹하게 조세를 수취하여 그 토지를 사유지로 겸병하고, 농장(農莊)을 확대해 나갔다.

그리하여 이러한 권귀층(權貴層)의 존재로 말미암아 수조권 분급에서 제외되거나, 극히 일부만을 받는 데 지나지 않는 피해자가 있기도 했다. 그것은 주로 신흥사족, 신흥관료, 말단관료(末端官僚)들이었다. 그들은 수조권 분급의 불공평을 좌시할 수만은 없었으며, 항의도 하고 전제개혁(田制改革)을 주장하기도 했다. 그리고 개혁을 추진하는 선봉이 되었다.

이러한 갈등이 전개됨과 동시에 토지를 소유한 농민들의 불만과 항쟁 또한 전개되고 있었다. 농민들은 과전주(科田主)들

의 수조가 폭렴화(暴斂化)하는 데서 큰 피해를 입고 있었다. 수
조지를 재조정할 때나, 수조지 분급의 규정을 개혁하고 수조를
강화하게 될 때는 한 해에 여러 명의 과전주(科田主)가 연달아
조세를 강징하기도 하였다. 이는 농민경제를 지탱하기 어렵게
하는 것으로서, 농민들을 항쟁의 대열로 몰아넣는 것이 아닐
수 없었다.

더욱이 고려 후반기부터는 세역농법(歲易農法)이 급속하게
상경농법(常耕農法)으로 전환하는 가운데 생산력이 발전하고
있어서 농민경제가 향상될 수 있는 여지가 있었다.[31] 그러나 지
배층은 결부제(結負制)를 개혁하고 재조정함으로써 수조체계
를 강화하고 있었으므로, 농민들에게 돌아갈 잉여(剩餘)가 송
두리째 수탈당하지 않으면 안 되었다. 생산계층이 항쟁을 하지
않는다면 오히려 이상한 일이 아닐 수 없었다.

농민들의 항쟁은 과전주들끼리의 대립보다도 더 심각한 사
회문제였다. 농민들은 이제 이 같은 조세제도, 경제제도를 감
내할 수 없었으며, 그 개혁을 요구하게 되었다. 그러한 사정은
중앙의 권귀(權貴)와 신흥관료(新興官僚)가 대립 항쟁하는 데
대하여, 농민층을 후자에 편들 수밖에 없도록 하였다. 농민층
은 신흥관료층의 사회적 배경이 본디 지방의 중소지주층이었기
때문에 그들과는 일정한 대립관계에 있었지만, 이때에는 서로
공통의 투쟁 대상을 맞이하게 되었으므로 그들을 지원하였다.

신흥관료층이 중심이 된 이 같은 항쟁은 마침내 그들에게 승

리를 안겨 주었다. 그들은 민심(民心)의 지원을 받고 이성계(李
成桂) 등의 무인(武人) 세력과 연계함으로써 권력을 장악하고
전제(田制)를 개혁할 수가 있었다. 고려와 달리, 경기에 과전을
절급하는 원칙하의 과전법(科田法)의 제정이었다. 그리고 한걸
음 더 나아가서는 고려에서 조선으로 왕조를 교체시키기도 하
였다. 그래서 고려 말년에 마련된 과전법은 조선왕조의 과전법
이 되었다.

그러나 과전법은 모순이 많은 고려의 조세제도인 결부양전
제(結負量田制)를 바탕으로 제정되었으므로, 그것을 조선왕조
의 경제제도로서 그대로 받아들여 운영하는 것은 적절하지 않
았다. 그것은 앞에서 지적한 바와 같은 여러 가지 모순구조의
표출이 증명하는 바였다. 조선왕조가 새로운 경제제도를 정착
시키고자 한다면, 고려의 답험손실(踏驗損實), 결부양전제(結
負量田制) 등을 개혁하여 새로운 조세제도인 결부양전제를 마
련하고, 이와 짝이 되는 새로운 경제제도를 제정하여 이 둘을
하나로 결합하여 운영하는 것이 바람직하였다.

(2) 결부양전제(結負量田制)의 조정 개혁

조선왕조에서 새로운 조세제도 결부양전제(結負量田制)를
제정하는 사업은 세종(世宗) 25~26년부터 시작되었다. 주무관
청으로서 전제상정소(田制詳定所)를 설치하고 전문가들을 동원

하여 일을 시작하였다. 새로운 제도를 위한 여러 규정을 만들며 일을 진행하였다. 이를 모아서 나중에 하나의 책자로 편찬한 것이 《준수책(遵守冊)》(內題 : 田制詳定所遵守條畫)이었다.

이 사업의 목표는 고려시기 결부양전제의 부족한 점을 극복하려는 것이었다. 특히 그 전품(田品) 등급을 전분6등(田分6等)으로 늘리고, 양전척(量田尺)을 주척(周尺)을 기준척으로 하여 수등이척제(隨等異尺制)로 제정하며, 결부(結負)의 단위를 파(把), 속(束), 부(負), 결(結)로 정하고, 조세를 결(結)마다 미(米) 20두(斗)의 정액제(定額制) - 공법(貢法)으로서 징수하고자 했다.

처음에는 중국의 경묘양전제(頃畝量田制)에 호감이 가서 이 제도를 원용하여 조선식의 경묘양전제를 마련하려 하였다. 그러나 일이 거의 끝날 무렵에 이르러서 조선의 모든 행정체계가 결부양전제의 바탕 위에 세워져 있었으며, 그 교체과정, 전환과정의 번잡하고 복잡함이 지적되어 이를 포기하였다. 종래의 고려 결부양전제를 대폭으로 조정 개혁하되, 새로 마련하였던 경묘양전제의 원리를 이와 결합하여 새로운 조선의 결부양전제를 마련하게 되었다. 6등전(6等田) 수등이척제(隨等異尺制)의 정액제(定額制 : 貢法)로서의 결부양전제였다. 그 요점을 표로 정리하면 다음과 같다.

표 1. 조선 전기의 전품(田品) 양전척(量田尺) 결실적(結實積) 소출 (所出) 조액(租額) - 수등이척(隨等異尺)으로 양전

田品	1等田	2等田	3等田	4等田	5等田	6等田
量田尺①周尺	4.775尺	5.179尺	5.703尺	6,434尺	7,550尺	9,550 尺
結實積 量田尺①(面)	100尺	100尺	100尺	100尺	100尺	100尺
(積)	10000尺	10000尺	10000尺	10000尺	10000尺	10000尺
頃묘	38묘	44묘7分	54묘2분	69묘	95묘	152묘
結當坪 約	2,759.53	3,246.23	3,936.36	5,010.14	6,898.94	11,038.2
結所出(皮穀)	800斗	800斗	800斗	800斗	800斗	800斗
結租額(米)	20斗	20斗	20斗	20斗	20斗	20斗

* 양전척의 기준척이 된 주척(周尺)은 그 길이를 약 20cm로 간주하고 계산함.

이 양전 규정은 산학가(算學家)들이 정밀하게 작성한 것이었 지만, 전제상정소(田制詳定所)에서는 양전사업이 진행되는 데 따라 그 운영에 커다란 결함이 있음을 발견하게 되었다. 그것 은 수등이척(隨等異尺)으로서 양전을 하면, 그 현장에서 번잡 하고 착오가 생기기 쉬우며, 줄사령(乫使令 : 引繩人)의 폐단이 또한 적지 않다는 점이었다.

전제상정소에서는 그것을 6등전품(6等田品)의 모든 농지를 양전할 때 1등전(1等田) 양전척(量田尺 : 周尺4.775尺)의 양승 (量繩)만을 쓰도록 함으로써 해결하려 하였다. 수등이척제(隨 等異尺制)의 양전을 단일양전척제(單一量田尺制)의 양전으로 전환하려는 것이었다. 다음 표에 제시한 양전척②는 그것이었 다. 이렇게 할 경우 2등전(2等田) 이하 6등전(6等田)까지의 결 부(結負)를 어떻게 계산할 것인가 하는 것이 문제되는데, 전제상정소에서는 그것을 준정결부표(准定結負表 : 1等田을 기준으로 한 各田品의 結負計算表)를 작성함으로써 해결하였다. 그 요점을 표로 정리하면 다음과 같다.[32]

표 2. 조선 전기의 전품(田品) 양전척(量田尺) 결실적(結實積) − 단일 양전척(單一量田尺)으로 양전하고 준정결부(准定結負)

田品		1等田	2等田	3等田	4等田	5等田	6等田
量田尺②周尺		4.775尺	4.775尺	4.775尺	4.775尺	4.775尺	4.775尺
准定結負	束	1束	8.5把	7把	5.5把	4把	2.5把
	負	1負	8.5束	7束	5.5束	4束	2.5束
		4負	3.4負	2.8負	2.2負	1.6負	1負
	結	1結	85負	70負	55負	40負	25負
結實積②		1結	1.60結	2.20結	2.80結	3.40結	4.00結

* 양전척 ②는 위와 같음. 結實積②는 전품을 고려치 않고 양전을 하였을 경우의 각등전의 결실적이다.

(3) 과전법(科田法)에서 직전법(職田法)으로

집권적 관료체제는 그 본질에서 관료층이 지방에 경제적 기반을 갖는 수조권 분급의 제도와는 양립하기 어려웠다. 더욱이 수조권자와 소유권자의 대립은 첨예하고 심각한 것이었다. 주자학적(朱子學的)인 유교사상(儒教思想)이 조선왕조 집권관료체제의 정치이념이 되고 있는 상황에서는 더욱 그러하였다.

그리하여 조선왕조에 들어와서는 과전법이 오래 지속될 수

없었다. 조선왕조의 집권관료체제가 정비되고, 새로운 결부양
전제가 제정됨에 따라서 지체 없이 이 과전법을 다시 조정하여
직전법(職田法)으로 개정하였다. 수조권 분급제의 경제제도를
큰 폭으로 개혁한 것이었다. 15세기 중엽 세조(世祖)조의 일이
었다.[33] 그리고 이에 따라서 농민층의 지위 또한 다소 향상되어
나갔다.

직전법(職田法)은 수조권 분급의 토지제도로서는 마지막 제
도였다. 그러나 이 제도는 조선왕조의 집권적관료체제가 강화
되고, 수조권(收租權 : 科田主)에 대한 소유권(所有權 : 佃客)의
항쟁이 심화되는 가운데, 과전법을 개정하여 제정한 것이었으
므로 그 내용이 직전주(職田主)들에게 유리한 것이 될 수는 없
었다.

이 제도에서는 수조권의 지급 대상자는 축소되고, 수조 방법
도 관수관급(官收官給)이 되었다. 그리고 수조액도 점점 감소되
어 나갔다. 수조권으로써 농민을 지배한다는 중세적 경제제도
로서의 의의가 큰 폭으로 감소되고 소멸되어나가고 있는 것이
었다.[34]

수조권의 내용이 이렇게 되고 보면, 이 제도는 이제 봉건지배
층에게 농민수탈(農民收奪), 재부축적(財富蓄積)의 좋은 방법
이 되기 어려웠다. 그들에게는 이제 수조권 분급의 농지제도는
기대할 만한 것이 되지 못하였다. 그리하여 16세기 중엽 명종
(明宗)조에 이르러서 직전법(職田法)은 사실상 유명무실한 것이

되었으며, 따라서 지배층에게 수조권을 분급하던 중세적 경제제도는 이제 그 수명을 다하게 되었다.

3) 토지소유권에 바탕을 둔 지주제(地主制)의 발전

고려 말년에서 조선 초기에 걸친 이 같은 격동 과정을 토지제도의 측면에서 보면, 토지의 수조권자와 소유권자가 대립하는 가운데 수조권에 바탕을 둔 전주전객제(田主佃客制)가 해체되는 과정이었다. 그리고 그 뒤에는 소유권에 입각한 자경소농제(自耕小農制)와 지주전호제(地主佃戶制 : 地主時作制)만이 유일한 봉건적인 경제제도로서 남게 되는 과정이었다.

(1) 지주전호제(地主佃戶制)의 확대 발전

그러한 지주전호제의 경영 내용은 고려 시기의 그것과 기본적으로 같았다. 지주가 그들의 농지, 농장을 경영하는 데는 규모가 작으면 의례 가작(家作)으로 하였으며, 그 규모가 커지면 지주제로서 경영하되, 그것을 직영농장(直營農莊)으로 하는 경우와 병작제(並作制)로 하는 경우 등 다양하였다.

전호층(佃戶層)은 많은 부분이 노비로 구성되는데, 그들의 지주와의 관계는 농노(農奴) 그것이었다. 그리고 그 밖에 또 많은 부분을 차지하는 것은 양인(良人) 신분의 무전농민(無田農

民)이었는데, 이들의 존재형태는 농노적(農奴的)인 상태에 있는 농민에서부터 그 예속관계가 비교적 느슨하고 자유로운 농민에 이르기까지 다양하였다.[35]

지대(地代)는 전자에서는 주로 전조(田租)와 노동지대적(勞動地代的)인 방식을 병행하고, 후자에서는 전조(田租)로서 분반(分半·並作半收)하는 것이 관례였으나, 융통성이 있었다. 그리고 이같이 지대(地代)를 수취하는 데는 간접적으로 여러 가지 장치로써 경제외적(經濟外的)인 강제가 가해지는 것이 또한 상례였다.

이는 주로 사유지 지주제에 관해서 말한 것이지만, 국유지, 곧 국가소유지와 왕실소유지의 지주경영에서도 마찬가지였다. 국유지이거나 사유지이거나 그 소유의 원리는 본질적으로 같았기 때문에, 그 지주경영의 내용도 기본적으로는 같을 수밖에 없었다.

국둔전(國屯田)의 경우 부역노동(賦役勞動)으로 경영되는 곳이 아직 많이 남아 있었지만, 점차 병작반수(並作半收)적인 지주경영으로 전환되어 나가는 것이 이 시기의 추세였다.[36] 이는 수조권을 중심으로 한 토지제도의 변동과 보조를 같이 하는 것이었다. 지대(地代)의 수취는 전호농민(佃戶農民), 시작농민(時作農民)의 노동력이나 자금이 투입되는 것과 관련하여 조정될 수도 있었다.

(2) 사대부(士大夫)계층의 농업생산 참여

이 시기의 지주경영은 수조권분급제가 절정에 달하고 있었던 때의 그것과 크게 다른 바가 있었다. 그것은 봉건지주층의 수입이 지주경영에만 의존하게 되는 데서, 직접생산자인 농민과 마찬가지로 그들도 농업생산에 일정한 관심을 갖지 않을 수 없었다는 점이었다. 재지 중소지주층, 이른바 신흥사대부의 경우는 더욱 그러하였다. 그리하여 이들은 벌써 고려시기부터 농업생산의 발전에 일정하게 참여하였으며 농서도 편찬하고 있었다.

고려사회에서 조선사회로의 교체과정을 농법과 관련해서 생각하면, 대체로 아직 세역농법(歲易農法)이 적지 않게 남아 있던 농업에서 상경농법(常耕農法)이 지배적으로 되는 농업, 곧 조방농업(粗放農業)의 잔재를 벗어나서, 비교적 집약적인 농업으로 전환하는 과정이었다고 하겠다. 재지(在地) 중소지주층인 신흥사대부들은 이러한 전환에 적지 않게 기여하고 있었다.[37]

그리하여 그러한 바탕 위에서 조선 초기에는 《농사직설》에서 볼 수 있는 바와 같은 비교적 집약적인 농업이 전개될 수 있었으며, 그 농서가 편찬되기도 하였다.[38]

조선 전기 지주경영이 고려시기의 그것과 다른 점은 그 농지 확대의 방식에도 있었다. 수조권분급제가 발달하고 있었던 시기에는 봉건지배층의 토지집적을 통한 부(富)의 축적은 토지의 소유권을 확대하는 것으로써 행해지기도 하였지만, 일반적으로는 수조권의 취득을 확대하는 것으로써 행해지고 있었다. 전자의 방법은 막대한 자금이 소요되나, 후자는 그렇지가 않아서 특히 권력층이 널리 행하였다.

그런데 조선시기에 들어와서는 점차 수조권분급제가 변동, 폐기되는 가운데, 토지집적의 방법에도 변화가 일어나게 되었다. 수조권에 의거한 토지집적은 소멸하고 소유권에 의거한 토지집적만이 남게 된 것이었다.

수조지의 수입에만 의존하던 가난한 양반관료층도 이제는 토지의 소유가 필요했다. 그리하여 이 시기의 봉건지배층은 규모의 차이는 있었지만, 모두 소유권에 입각한 사적소유지의 집적 확장에 열을 올리게 되었다. 그 방법은 농민의 소유지나 관유지(官有地)를 매입하는 것이 일반적이었으나, 때로는 고리대(高利貸)로써 차압(差押)하는 경우와 미간지(未墾地)를 개간하여 농지를 확대하는 경우도 자주 있었다. 농업발전을 위해서는 수리시설(水利施設)을 확대시켜 나가기도 하였다.[39]

(3) 토지소유권에 바탕을 둔 사회의 재편성

이로써 사회는 대토지소유자, 중소토지소유자, 무전농민 – 대지주층, 중소지주층, 자경소농층, 전호농민(佃戶農民 : 時作農民), 용작농민(傭作農民) 등으로 재편성되기에 이르렀다. 그리고 이러한 토지집적 현상이 성헹히는 가운데 토지를 중심으로 한 모순구조의 문제도 더욱 심화되고, 따라서 민의 항쟁과 한전론(限田論) 등 토지개혁론이 제기되기도 하였다.[40]

이 시기에는 토지의 사유(私有)는 자유로웠으므로, 양인농민(良人農民)이거나 천인농민(賤人農民)들도 대부분 자경농민(自耕農民)으로서 토지를 소유할 수 있었다. 그리고 그 가운데는 비교적 대규모의 토지를 소유하고 있는, 부유한 농민이나 지주층도 있었다.[41]

그러나 일반 농민층의 경우는 대개 소규모의 토지를 소유하고, 가족노동에 따라 이를 경영해 나가는, 소규모 자경농민의 처지에 있는 것이 보통이었다.

그들이 부담하는 조세는 세종조의 전세제도 개정 이후 그 세액이 점점 감소하고는 있었지만, 특산물로서 공납제(貢納制)와 군역(軍役) 부역(賦役)의 부담은 무거웠다. 이를 모두 합하면, 양인(良人) 자경농민(自耕農民)의 경우 양인 신분이라고 해서 그 부담이 가벼운 것은 아니었으며, 또 토지를 소유한 자경농민(自耕農民)이라고 해서 넉넉할 수 있는 것도 아니었다.

이들은 비록 신분은 양인이고 토지도 소유하였지만, 봉건국가와의 관계에서 그 사회경제적 처지는 대부분 열악하였다. 그들은 결국 집권적봉건제 아래의 자경농민에 지나지 않았으며, 따라서 그들의 존재형태는 예농(隷農) 또는 농노적(農奴的)인 존재로 규정되기도 한다.[42]

그러나 그렇다고 하더라도, 이들은 사유지나 국유지 지주제 아래에 있는 농노적(農奴的)인 전호농민(佃戸農民)과는 일단의 차이가 있는, 비교적 자유로운 농민이 아닐 수 없었다.

4. 조선(朝鮮) 후기

1) 임진왜란(壬辰倭亂)과 농업생산의 파탄, 모순구조의 확대

조선 전기의 결부양전제 및 과전법의 개혁으로 농촌사회가 안정될 것으로 기대되었지만, 현실은 그렇지 못하였다. 이러한 농업제도의 개혁으로 수조권에 바탕을 둔 농민지배의 모순구조는 해결되었으나, 양반관료층, 봉건지배층 및 부유층으로 하여금 소유권에 바탕을 둔 토지집적, 대토지소유, 지주전호제를 촉진케 함으로써, 소유권에 바탕을 둔 농민지배의 모순구조가 크게 확대되었기 때문이었다.

더욱이 그 뒤 임진왜란(壬辰倭亂 – 壬亂·倭亂)을 거치면서 농업생산의 파탄이 지대하였고, 이를 재건하는 가운데 농지 소유권의 변동도 많아졌으며, 그 모순구조도 더욱 깊어지지 않을 수 없었기 때문이었다. 그러므로 이 시기의 농업사정을 제대로 파악하려면 먼저 전란으로 말미암은 농업의 파탄이 어느 정도였는지부터 살피는 것이 필요하다 하겠다.

(1) 전란(戰亂)으로 말미암은 농업생산의 파탄

표 3. 왜란 전후의 결총(結總)

	왜란 전 결총(結總)	광해군 3년의 시기결(時起結)	동상(同上) 시기결(時起結)의 비율	비고
경상도	315,026−64−8	7 〃	22.22 %	
전라도	442,189−07−2	11 〃	24.88 〃	
충청도	252,503−55−8	11 〃	43.56 〃	
소 계	1,009,719−27−8	29 〃	28.72 〃	
경기도	147,370−16−3	3.9 〃	26.46 〃	
강원도	34,831−37−5	1.1 〃	31.58 〃	
황해도	106,832−70−8	6.1 〃	57.10 〃	
평안도	153,009−13−1	9.4 〃	61.43 〃	
함경도	63,831−90−1	4.7 〃	73.63 〃	
계	1,515,500−00−0	54.2	35.76 〃	55.5만결, 36.62%

結−負−束 : 난전 결총 단위

농업생산의 파탄은 여러 가지 형태로 발생하였지만, 그 결과
는 요컨대 국가가 재정 운영을 위해서 수취할 수 있는 조세 수
입의 원천 − 전결(田結), 결총(結總)이 대폭으로 감소되고 있
었다는 점이었다. 즉 왜란 이전의 전국의 전결은 세종(世宗) 대
에는 170만여 결, 왜란 직전 평시의 전정(田政) 운영에서 이용
되던 전결수는 151만여 결로 파악되고 있었는데, 난후 광해군
(光海君) 3년(1611)의 시기결(時起結)은 54만 2천여 결로 파악
되고 있었다. 수세결수가 대폭 감소되고 있음을 알 수 있다. 난

후의 사정과 직접 연결되는 것은 난전의 사정이므로, 이를 중심으로 난이 일어난 전후의 결총을 지역별로 정리해보면 위의 표와 같다.[43]

(2) 왜란 전후의 결총(結總) 비교

전란의 피해는 전국 어느 지방에서나 입고 있었지만, 그곳이 전란지역이었는가 또는 전란의 피해를 어느 정도로 받고 있었는가에 따라 지역적으로 큰 편차가 있었다. 북부(北部) 지방의 황해도, 평안도, 함경도는 전란의 피해가 비교적으로 적어 진전화(陳田化)한 전결수가 많지 않아서 광해군 3년의 시점에서 시기결(時起結)의 비율이 57.10, 61.43, 73.63퍼센트로 비교적 높았다. 이에 견주면 남부 지방의 경상도, 전라도, 충청도와 중부 지역의 경기도, 강원도는 전란의 피해가 커서 농지의 황폐화가 심했기 때문에, 광해군 3년의 시점까지도 경작되고 있는 시기결(時起結)의 비율이 22.22, 24.88, 43.56, 26.46, 31.58퍼센트로 아주 낮았다. 그런 가운데서도 경상도와 전라도 그리고 수도권 지역이 받은 피해는 더욱 심하였다.

2) 정부의 농업생산 복구논의와 재건정책

전란이 끝난 뒤 정부의 농정책은 진전화(陳田化)하고 황폐화한 농지를 시급히 개발 복구하여, 농업생산을 재건하고 수세지(收稅地) 시기결총(時起結總)을 늘려나가지 않으면 안 되었다. 이는 국가를 다시 세우는[再造] 문제와도 관련되어 최우선의 과제가 되었다. 다만 황폐화한 농지를 개발 복구하는 정도가 아니라 시대상황이 바뀌었으므로 이를 기회로 삼아 농업생산을 비약적으로 발전시켜야 한다는 것이 시대적, 사회적 요청이 되고 있었다.

(1) 정부의 복구논의, 고공가(雇工歌)로 표현

정치지도층들이 구상하는 개발 복구의 방법은 두 계열로 나뉘지고 있었다. 한편에서는 고공(雇工)을 거느리고 직접 농사일에 참여하는 건실한 자경소농층(自耕小農層)을 중심으로 농업재건의 주체세력을 삼아야 한다고 강조하였으며, 다른 한편에서는 노복(奴僕), 작인(作人) 등을 거느리고 지주경영(地主經營)을 하는 양반지배층의 대토지소유자 계층이 농업재건의 주체세력이 되어야 한다고 역설하였다.[44]

전자는 국왕(國王 : 宣祖)과 그 측근 세력들이 봉건지배층의 토지 집적으로 농촌사회의 모순구조가 깊어지고 있는 상황에서 늘 피해를 보고 있는 생산자계층을 보호 육성하여 조선왕조의 기반세력으로 삼으려는 견해로, 농업개혁론의 전통도 살려가려는 의도가 담겨 있었다. 후자는 봉건지배층 자신들이 봉건사회에서 차지하고 있는 기득권을 놓치지 않기 위해서, 그리고 농업 재건과 같은 산업활동에는 정치적 역량이 있어야 하고 경제적 능력도 있어야 하는 것이 현실이었으므로 그들의 주장을 적극 내세웠다.

그러나 농업생산을 재건 복구하는 과제는 그 자체로서도 어려운 문제였지만, 그것은 재건 뒤의 조선 후기 경제사회를 어느 사회계층이 주도적으로 이끌어갈 것인가 하는 문제와도 관련되어 정치적 · 경제적으로 이해관계가 얽히는 어려운 일이 아닐 수 없었다.

그리하여 정부와 정치사회에서는 농업생산 재건의 과제가 그 주도세력의 문제와도 함께 심각하게 논의되었다. 한편에서는 고공(雇工)을 거느리고 직접 농사를 하는 건실한 자경소농층(自耕小農層), 곧 일반 농민층이 중심이 되어야 할 것으로 강조하고, 다른 한편에서는 왕실과 양반지배층으로서 대지주층이 중심이 되어야 한다고 역설하였다. 정부와 정치지도층들은 이를 가사〔雇工歌-"고공가"와 "답가"〕로 작성하여 농촌에서 농민들이 이를 노래부르며 농업생산, 농업재건을 하도록 격려하였다.

그러나 가사로 묘사된 정치 사상계의 이 대립구도가 이 시점에서는 승패를 가르려는 것이 아니었다. 정부가 바라는 바는 어느 편에 섰거나 열성으로 농업생산 재건에서 성과를 올려주는 것이었다. 그것은 시기결총(時起結總)이 늘어나고 수세지

(收稅地)가 늘어나서 국가재정이 넉넉해지면 되는 것이었다.

(2) 정부의 결부양전제(結負量田制) 재정비

농업생산을 재건하려면 먼저 농지 파악에 일정한 기준이 있어야 했으므로, 효종(孝宗) 4년에는 앞에서 이미 언급한 조선 전기의 준수책(遵守冊 : 田制詳定所遵守條畫)을 판본으로 간행하여 교본으로 활용하였다. 세종조와 세조조에 확립된 조선 전기의 결부양전제(結負量田制)를 조선 후기에도 그대로 준수하고자 함이었다.

다만 이때의 농지 파악에서는 양전척(量田尺)에 착오가 있었음과도 관련하여, 계산을 편하게 하고 용간(容奸)을 막고자 준수책(遵守冊)의 준정결부(准定結負) 계산법을 일부 간편하게 조정하였다. 이는 숙종(肅宗) 44년(戊戌, 1718)에서 46년(1720), 이른바 경자양전(庚子量田)에서의 일로서, 결(結), 부(負)의 해부(解負) 계산에서 6파(把) 이상은 올려서 1속(束)으로 하고, 5파(把) 이하는 버리고 다음과 같이 정수로서만 계산하는 것이었다.

田積 1万尺 解負則	1等田	1結	2等田	85負	3等田	70負
	4等田	55負	5等田	40負	6等田	25負

量田解負時 六把以上 收爲一束 五把以下 棄之[45]

(3) 정부의 농업생산 재건의 목표

표 4. 純祖 7年의 元帳付結總과 時起結

	元帳付田畓結	時起結	同上 時起結의 比率
8道4都	1,456,592	840,714	57.7178 %
京畿	85,967	40,244	46.8133
湖西	256,528	126,333	49.2472
湖南	340,103	216,600	63.6865
嶺南	337,128	205,304	60.8979
海西	132,211	73.548	55.6292
關東	41,151	11,712	28.4610
關西	119,635	85,190	71.2082
關北 *	117,746	66,539	56.5106
水原府	11,821	5,762	48.7437
廣州府	5,858	2,831	48.3270
開城府 *	4,013	3,166	78.8935
江華府	4,431	3,485	78.6504
	1,456,592	840,714	57.7178

※ 이 표는《만기요람》재용편 2, 전결(田結)조에서 작성하였다. 정
부가 특히 확신을 가지고 중요시한 자료로 보인다. 시기결이 적었
음은 '유래진잡탈(流來陳雜頉)'이 많았던 까닭이었다. * 표란에는
시기결 대신 실결(實結)을 기록하고 있다.

　정부의 농업생산 재건정책에서 최우선 목표는 황폐해진 농
지를 개발 경작하고 신전(新田)도 개발하여 정부가 수세(收稅)
할 수 있는 시기결(時起結)을 늘려나가는 일이었다. 광해군 3
년(1611)에 호조판서 황신(黃愼)의 조사에 따르면, 왜란 전 평
시 결총(結總)에 대한 왜란 뒤의 시기결(時起結)의 비율은 20퍼
센트대에서 30퍼센트대였는데, 이를 50퍼센트대, 60퍼센트대,
70퍼센트대로까지 끌어올리려는 것이었다. 그리고 그 목표는

거지반 달성하고 있었다. 정부 편찬의 《만기요람》에 따르면 순
조(純祖) 7년의 전국의 시기결(時起結) 비율은 〈표 4〉와 같아서
지역적으로 편차가 있었지만, 평균이 57.7퍼센트나 되고 있었
다(주44의 논문 〈표 3〉도 아울러 참조).[46]

3) 시세에 맞는 합리적 농서(農書) 편찬

왜란으로 파탄난 농업생산을 재건하는 사업은 조선왕조가
왜란이라는 국가존망의 위기상황에서 탈출하여, 국가를 재조
(再造)하는 기반사업이 되는 것이기도 하였다. 그러므로 그 사
업은 단순히 국가가 왜란 이전의 수세지(收稅地) 시기결총(時
起結總)을 확보할 것을 목표로 하는 데 그칠 것이 아니라, 사회
적으로는 모든 농업생산자와 지식인이 총동원되어 조선 전기
의 농업생산력 수준을 크게 넘어서는 비약적인 발전의 이룩을
요청하는 사업이기도 하였다.

(1) 두 계통의 새로운 농서

그러므로 이와 같은 사회적 요청에 부응하려면 농업생산을
새로운 차원에서 두 계통으로 출발시키지 않으면 안 되었다.
그 하나는 그 농업생산을 이끌고 지도하는 농서(農書)를 시
세에 맞는, 그리고 합리적인 농서로서 편찬하지 않으면 안 되

었음이다. 그리하여 17세기에서 18세기에 걸치면서는 실로 많은 학자들에 의해서 여러 농서가 편찬되었다.

곧 조선 전기에는 농서가 '중국과 우리나라는 기후조건이 다르다'는 풍토부동론(風土不同論)에 제약되고, 세종의 어명에 따라서 《농사직설》이 편찬되었음과도 관련하여 몇몇 농서 이외에는 다른 농서가 편찬되지 못하고 있었는데, 조선 후기에는 그러한 제약들을 넘어서 많은 새로운 농서가 편찬된 것이다. 그뿐만 아니라 중국으로부터는 종전과는 달리 중국 강남(江南) 농서가 수용되었으며, 그러한 사실들이 종합 이용되는 가운데 농업생산력이 크게 발전하게 되었다.[47]

이제 이 같은 농서들 가운데서 17세기에서 18세기 중엽까지의 각 분야의 대표 농서가 될 만한 것을 들어보면 다음과 같다. ①과 ②는 정부 측 편찬물이고, 그 이하는 개인 편찬물이다.

> ① 《고공가(雇工歌)》 ② 《농가집성(農家集成)》 ③ 《한정록(閑情錄)》 치농편(治農編) ④ 《농가월령(農家月令)》 ⑤ 《색경(穡經)》 ⑥ 《산림경제(山林經濟)》 ⑦ 《증보산림경제(增補山林經濟)》 ⑧ 《산림경제보(山林經濟補)》 ⑨ 《산림경제 보설(山林經濟 補說)》 ⑩ 《고사신서(攷事新書)》 농포문(農圃門)·목양문(牧養門) ⑪ 《본사(本史)》 ⑫ 《후생록(厚生錄)》 ⑬ 《민천집설(民天集說)》[48]

그리고 다른 하나는, 그같은 농학, 농업기술로서 수행되는 농업생산이 당시의 유통경제(流通經濟), 농촌시장과 연결되어

상업적 농업으로서 발전하고, 그뿐만 아니라 농업기술의 발달
을 배경으로 형성된 경영형부농층(經營型富農層), 광작농민(廣
作農民)의 농업 경영이 당시의 고용노동 시장과 연결되는 가운
데 그 경영규모를 더욱 확대해 나가고 있었던 점이었다. 그 고
용노동은 근대적 청부노동제도(請負勞動制度)의 성격을 지닌
고지노동(雇只勞動) 제도였다.[49]

(2) 농업생산의 발전과 농촌사회의 변동

이 같은 경영확대는 지주층이 자기 소유지를 통해서도 이룰
수 있었지만 − 경영지주(經營地主), 일반 농민도 병작반수(並
作半收)하는 봉건지주층(封建地主層)의 농지를 시작농민(時作
農民)으로서 차경(借耕)하면 더욱 쉽게 이룰 수가 있었다. 우리
는 이 같은 농민을 경영형부농층(經營型富農層) 광작농민(廣作
農民)으로 부르고 있다.

그리하여 18세기 중엽부터는 농업생산의 전반적인 발전에
따라서 농촌사회가 더욱 크게 분해되어 나갔으며, 그뿐만 아니
라 농촌사회에 새로운 심각한 사회변동이 일어나게 되었다. 중
세 봉건사회는 신분제를 바탕으로 성립 유지되는데, 18세기 후
반 그리고 19세기에 이르면서 양반신분의 수는 늘어나고 평민
과 천민신분의 수는 감소하고 있는 것이었다.

이러한 변동은 지역사회의 발전 정도에 따라 다소의 차이가

있었겠지만, 여기서는 영남지방의 정치 · 경제의 중심지인 대
구부의 호적을 토대로 작성한 '대구지역(大邱地域)의 신분별호
수(身分別戶數)' 표와 그곳 조암면(租岩面)의 경우를 그 양안(量
案) 호적(戶籍)을 토대로 작성한 '조암면민(租岩面民)의 신분직
역(身分職役) 변동 추이' 표를 신분변동의 사례로 들었다.[50]

이는 납속(納粟)이나 모속(冒屬)으로 미관말직(微官末職)이
나 양반의 기층신분인 유학(幼學) 신분을 얻었거나, 대개는 양
반신분의 명의뿐인 납속직(納粟職)을 얻는 것에 지나지 않았지
만, 그러나 그들은 이로써 향촌사회에서 준양반신분의 대우를
받게 되고, 이로써 당사자뿐만 아니라 향촌민들까지도 봉건적
인 신분제에 대한 사회의식(社會意識)에 변화가 오게 하고 있
었다. 이는 그들로 하여금 봉건적 신분제의 권위를 부정하고
평등의식(平等意識)을 갖게 하였다. 한마디로 이때의 신분제
변동은 봉건적 신분제의 해체 과정이었다.[51]

표 5. 大邱地域의 身分別戶數

시대 \ 신분	兩班戶	常民戶	奴婢戶	總數
I (肅宗 16年)	222	1,360	1,081	2,663
II (英祖 5 · 8年)	439	1,609	812	2,860
III (正祖 7 · 10 · 13年)	875	1,508	135	2,518
IV (哲宗 9年)	1,614	807	43	2,464
同上 百分比				
시대 \ 신분	兩班戶	常民戶	奴婢戶	總數
I (肅宗 16年)	8.3	51.1	40.6	100.0
II (英祖 5 · 8年)	15.3	56.3	28.4	100.0
III (正祖 7 · 10 · 13年)	34.7	59.9	5.4	100.0
IV (哲宗 9年)	65.5	32.8	1.7	100.0

표 6. 租岩面民의 身分職役變動 推移(단위 : 戶)

신분 \연도	肅宗13年	英祖14年	正祖7年	純祖25年	高宗13年
兩班 A 類	9	28	73	137	165
兩班 B 類	55(4)	80(38)	93(26)	32(6)	28(1)
平民	94	53(2)	22	17	14
賤民	21	13	1	0	1
未詳	1	4	2	0	0
計	180	178	191	186	208

同上 百分比

신분 \연도	肅宗13年	英祖14年	正祖7年	純祖25年	高宗13年
兩班 A 類	5.0	15.7	38.2	73.7	79.3
兩班 B 類	30.55(7.3)	45.0(47.5)	48.7(28.0)	17.2(18.8)	13.5(3.6)
平民	52.2	29.8	11.5	9.1	6.7
賤民	11.7	7.3	0.5	0.0	0.5
未詳	0.55	2.2	1.1	0.0	0.0
計	100.0	100.0	100.0	100.0	100.0

* 양반 B 의 ( ) 안 숫자는 양반 B 전체 내의 군관의 백분비이다.

▣ 제4장의 주

1) 노명호 · 윤선태, 《한국고대중세 고문서 연구》(상 · 하), 서울대 출판부, 2000 참조.
2) 《삼국사기》, 〈신라본기〉 6, 문무왕 2년 정월 ; 〈열전〉 2, 김유신 등.
3) '始給百姓丁田'에 관해서는 주 11을 참조.
4) 신라통일기 토지제도에 관한 총괄적인 검토는 다음 연구로 살필 수 있다. 강진철, 〈신라 통일기의 토지제도〉, 《고려토지제도사연구》, 일조각, 1980 ; 이인재, 〈신라통일기 토지제도 연구〉, 1995, 연세대학교 대학원 박사학위 논문.
5) 김철준, 〈신라귀족세력의 기반〉, 《한국고대사회연구》, 지식산업사, 1975 ; 노태돈, 〈통일기 귀족의 경제기반〉, 《한국사》 3, 국사편찬위원회, 1975 ; 김창석, 〈통일신라기 전장에 관한 연구〉, 《한국사론》 25, 1991 ; 김기섭, 〈신라통일기 전장의 경영과 농업기술〉, 《신라문화제 학술발표회 논문집》 13, 1992 ; 이인재, 〈신라통일기 전장의 형성과 경영〉, 《한국 고대 · 중세의 지배체제와 농민》, 지식산업사, 1997 ; 이경식, 〈신라통일기 토지제도의 개편〉, 〈신라하대의 토지문제와 집권체제의 파국〉, 《한국 고대 · 중세초기 토지제도사 − 고조선 · 신라 · 발해》, 서울대학교 출판부, 2005 ; 김용섭, 〈진국의 남하 3한 건설과 신라의 '순장' 관행 개혁〉, 《학림》 37, 연세사학연구회, 2016.
6) 김유신, 김인문은 그 대표적인 인물이다. 김유신은 田 5백 結을 받고, 김인문은 食邑 數千 戶를 받았다. 《삼국사기》 권 6, 〈신라본기〉, 문무왕 2년(662)조 ; 앞 책, 권 42, 〈김유신전〉 ; 앞 책, 권 44, 〈김인문전〉.
7) 《신당서》하, 권 220, 〈열전〉 제145, 동이 "新羅 … 宰相家不絶祿 奴僮三千人 甲兵牛馬猪稱之 畜牧海中山 須食乃射 息穀米於人 償不滿 庸爲奴婢"

8) 《삼국사기》권 8, 〈신라본기〉, 신문왕 7년조.

9) 《조선금석총람》상, 〈봉암사지증대사적조탑비〉, 경인문화사, 2002, 93쪽.

10) 《삼국유사》권 3, 洛山二大聖 觀音 正趣 調信.

11) 《삼국사기》권 8, 〈신라본기〉, 성덕왕 21년조. 여기서 丁田은 두 가지 경우로 해석할 수 있다. 하나는 국가가 문자 그대로 농지를 백성에게 분급하는 경우인데, 이때의 신라의 百姓丁田은 전국의 농지를 획일적으로 전 백성에게 분급하는 것이 아니라, 특정지역의 荒蕪地나 無主田을 無田農民들에게 그 지역 안에서 均田이 되도록 분급하는 것이었으리라 생각된다. 다른 하나는 量田을 통해서 백성들이 소유하고 있는 농지의 結負·稅額을 정해주는〔量給〕경우인데, 이때의 丁田은 단순한 농지가 아니라, 국가의 租稅徵收 단위, 일정한 稅役이 부과되는 농지가 된다. 고려, 조선에서도 丁은 조세의 수취단위가 되었는데, 그 농지는 稅役을 정해 받았다는 점에서 烟受有畓, 烟受有田으로 불렸을 것이다. 그러므로 이때의 신라의 百姓丁田은 量田을 통해서 후자적인 丁田을 정해주는 가운데, 지역에 따라서는 전자적인 丁田을 또한 분급하였던 것이라고 하겠다. ; 이경식, 〈고대 중세 식읍제의 구조와 전개〉, 《고려시기 토지제도 연구》, 지식산업사, 2012.

12) 이에 관해서는 내외에 많은 연구가 있다. 그 가운데에서도 특히 토지문제와 관련하여 견해차를 보여주는 것으로는 다음의 논문들이 있으므로 참고가 필요하다.
旗田 巍, 〈新羅의 村落 – 正倉院에 있는 新羅村落文書의 研究〉, 《歷史學研究》226·227, 1958, 1959 ; 崔吉成, 〈新羅에 있어서의 自然村落制的 均田制〉, 《歷史學研究》237, 1960 ; 木村誠, 〈新羅의 祿邑制와 村落構造〉, 《歷史學研究》, 1976, 別冊(《世界史의 新局面과 歷史像의 再檢討》) ; 武田幸男, 〈新羅의 村落支配 – 正倉院 所藏文書의 追記를 둘러싸고〉, 《朝鮮學報》81, 1977 ; 兼若逸之, 〈新羅「均田成冊」研究〉, 《韓國史研究》23, 1979 ; 이태진, 〈신라통일기의 촌락지배와 공연〉, 《한국사연구》25, 1979 ; 이인철,

《신라의 촌과 촌민지배에 관한 연구-정창원 소장 신라장적을 중
심으로-》, 1993, 정신문화연구원 한국학대학원 박사논문 ; 노명호
외, 〈신라촌락문서 단편〉- 교감 역주 - ,《한국고대중세 고문서연
구(상)》, 서울대학교 출판부, 2000 ; 윤선태, 〈신라촌락문서의 기재
양식과 용도 - 중국 일본 적장문서와의 비교검토를 중심으로 - 〉,
《한국고대중세 고문서연구(하) - 연구 도판편 - 》, 서울대학교 출
판부, 2000. 여기서는 문서 작성연대 을미(乙未)년을 효소왕(孝昭
王) 4년(695)으로 추정하고 있다.

13) 이태진, 〈휴전고 - 통일신라 · 고려시기의 수도작법 유추〉,《한국학
보》10, 1977 ; 宮嶋博史, 〈朝鮮農業史上에서의 15世紀〉,《朝鮮
史叢》3, 1980.

14) 《삼국사기》권 8, 〈신라본기〉, 신문왕 9 년조 ; 권 9, 〈신라본기〉, 경
덕왕 16년 ; 김용섭, 〈고조선 기자정권의 쇠망과 그 유민들의 국가재
건 - 부여와 고구려의 경우〉,《역사교육》137, 2016, 주 73 참조.

15) 녹읍제에 관해서는 전게 木村과 武田의 연구외 다음 연구를 참고할 필
요가 있다. 김철준, 〈신라귀족세력의 기반〉,《한국고대사회연구》, 지
식산업사, 1976 ; 강진철, 〈신라의 녹읍에 대하여〉,《이홍직박사회갑기
념 한국사학론총》, 신구문화사, 1969 ; 홍승기, 〈고려초기의 녹읍과 훈
전 - 공음전시제도의 배경〉,《사총 · 강진철교수화갑기념한국사학논총》
21 · 22 합집, 1977 ; 이경식, 〈신라시기 녹읍제의 시행과 추이〉,《고려
시기 토지제도 연구》, 지식산업사, 2012. 학자에 따라서는 이 같은 녹
읍제를 전술한 바 신문왕 7년의 '敎賜文武官僚田有差'의 관료에게
지급하는 田과 동일 체계로 보는 경우와, 별개의 체계로 보는 견해
가 있다. 이 책에서는 후자의 입장을 취하였다. 전자는 토지의 소
유권(所有權)을 지급하는 체계이고, 후자는 토지의 수조권(收租
權)을 지급하는 체계로 보여지기 때문이다.

16) 《삼국사기》권 10, 소성왕 원년(799)조.

17) 結 · 負 · 束 · 把의 단위로써 농지면적(農地面積)을 파악하는 우리
나라의 결부제(結負制)는 단순한 지적(地積)의 단위가 아니라, 일
정량(一定量)의 소출(所出)을 전제로 하는 지적(地積) 단위였다.

그러므로 결부제(結負制)는 애초에는 지적(地積)보다도 일정량의 소출(所出)에 더 큰 비중이 두어지는 단위였을 것이다. 조선시기에는 그와 같은 일정량의 소출이 벼〔稅穗〕10,000把(100負)에 米 20石이었다. 이 같은 문제에 대한 좀 더 구체적인 검토는 김용섭,〈결부제의 전개과정〉,《한국중세농업사연구》, 지식산업사, 2000에 소상하다.

18)《맹자》(집주대전) 권12,〈고장자구〉下,《경서》698

19) 이기동,《신라 골품제사회와 화랑도》, 일조각, 1984 ; 서의식,《신라의 정치구조와 신분편제》, 혜안, 2010.

20) 주 15의 김철준, 강진철, 홍승기 논문 참조.

21)《고려사》, 권 78, 식화 1, 조세, 중, 726쪽 ; 앞 책, 권 78, 식화 1, 녹과전, 중, 715, 725쪽 "太祖龍興 卽位三十有四日 迎見群臣 慨然嘆曰 近世暴斂 一頃之租 收至六石 民不聊生 予甚憫之 自今宜用什一 以田一負 出租三升 遂放民間三年租,""科田法 ; … 凡公私田租 每水田一結 糙米三十斗 旱田一結 雜穀三十斗 此外有橫斂者以贓論";《고려사절요》, 권 1, 태조 원년 추7월, 11쪽 ; 앞 책, 권 33, 창왕 즉위년 추7월, 829쪽.

22) 이때의 토지제도는 오랫동안 토지국유제(土地國有制)로 이해되고 있었다. 말할 것도 없이, 지금도 이때의 토지제도를 모두가 토지사유제(土地私有制)로서 이해하고 있는 것은 아니며, 논자에 따라서는 토지국유제를 확신하는 이가 적지 않다. 그러나 동양사회(東洋社會)에 대한 역사 이론이나 이 시기의 역사적 사실에 대한 실증적인 연구가 진전됨에 따라, 이 같은 견해는 점차 이론적으로나 사실관계에서 적합하지 않다는 것이 밝혀져 가고 있다. 이러한 문제에 대한 연구동향으로는 다음 글들을 참고할 필요가 있다. 旗田巍,〈高麗의 公田〉,《朝鮮中世社會史의 硏究》, 法政大學出版部, 1972 ; ---,〈朝鮮土地制度史의 硏究文獻 - 朝鮮總督府(和田一郎擔當)《朝鮮의 土地制度及地稅制度調査報告書》를 中心으로〉, 同上書 ; 有井智德,〈土地所有關係 - 公田論 批判〉, 朝鮮史硏究會 旗田巍編,《朝鮮史入門》, 1966 ; 權寧旭,〈朝鮮에 있어서의 封

建的 土地所有에 대한 약간의 理論的 問題〉,《歷史學硏究》321,
1967 ; 김옥근, 〈공전논쟁(1)〉,《이산 조기준박사화갑기념논문집》,
대왕사, 1977 ; 이성무, 〈고려·조선 초기의 토지소유권에 관한 제
설의 검토〉,《성곡논총》9, 1978 ; 안병직, 〈한국에 있어서 봉건적
토지소유의 성격 - 특히 15·16 세기를 중심으로〉,《경제사학》2,
1978 ; 이경식, 〈토지소유와 토지농업론〉,《고려시기 토지제도연
구》, 지식산업사, 2012.

23) 홍승기,《고려시대노비연구》, 한국연구원, 1981 ; ---,《고려귀족
사회와 노비》, 서강대 인문과학연구소, 1983 ; 김세윤, 〈고려후기
의 외거노비〉,《한국학보》18, 1980 ; 임영정, 〈여말 농장 인구에
대한 일고찰〉,《동국사학》19, 1976.

24) 그러나 일반적으로 高麗 전기 田柴科體制 아래에서는 並作半收
的인 私的 地主佃戶制가 보편화되기 어려웠을 것으로 이해되고 있
다. 송병기, 〈고려시대의 농장〉,《한국사연구》3, 1969 ; 강진철,
〈공전의 경영형태〉,《고려토지제도사연구》, 제5장 附載, 1980 ; 崔
吉成, 〈1328년 通度寺의 농장경영형태〉,《歷史科學》, 1961-4 ; 武
田幸男, 〈高麗時代에 있어서의 通度寺의 寺領支配〉,《東洋史硏
究》25-1, 1966 ; 旗田 巍, 〈高麗時代의 王室의 莊園 - 莊·處〉,
《朝鮮中世社會史의 硏究》, 法政大學出版部, 1972. 公田租率이 4
分取1이기 때문이다. 이 설을 따르면 아마도 그렇게 보아야 할 것
이다. 국가나 科田主가 4分의 1(25퍼센트)을 정확히 수취하고, 佃
戶農民이 半을 차지하고 나면 私的 地主의 수취분은 얼마 되지 않
을 것이기 때문이다. 또 각도를 달리해서 만일 公田(民田)租率이
확실히 4分取1이었다면, 이는 국가가 농민으로부터 地代를 징수하
는 것, 즉 토지는 국유이므로 국가 이외에 並作半收를 하는 私的所
有權者(地主)가 따로 또 있을 수는 없는 것이다. 그러므로 並作制
的인 地主佃戶制의 존재여부는 公田租率의 4分取1의 여부와 깊
은 관련이 있다고 하겠다. 따라서 그렇게 볼 수 있으려면《고려사》
에 보이는 그 초기나 말기 科田法의 什一稅의 기록을 부정하는 바
가 합리적이고 정당해야만 할 것이다. 김용섭, 〈고려전기의 전품

제〉, 《한우근박사정년기념사학론총》, 지식산업사, 1981.

25) 《고려사》 권 78, 〈식화〉 1, 조세, 광종24년 12월판 및 예종6년 8월 판, 중, 726-727쪽. 김용섭, 위의 논고 ; 이경식, 〈고려 시기의 '佃 戶' 농민〉, 《고려시기 토지제도 연구》, 지식산업사, 2012.

26) 이 같은 문제에 관해서는 많은 연구가 있다. 그 가운데에서도 다음 글들은 기초적인 연구로서 늘 참고되는 문헌이다. 백남운, 《조선 봉건사회경제사》 상, 改造社, 1937 ; 강진철, 《고려토지제도사 연 구》, 고려대 출판부, 1980 및 〈한국토지제도사〉 상, 《한국문화사대 계》Ⅱ, 1965 ; 천관우, 〈한국토지제도사〉 하, 《한국문화사대계》Ⅱ, 고려대 민족문화연구소, 1965 ; 深谷敏鐵, 〈高麗朝 祿科田考〉, 《朝鮮學報》 48, 1968 ; 旗田 巍, 〈高麗의 公田〉, 《朝鮮中世社會 史의 硏究》, 1972 ; 민현구, 〈고려의 녹과전〉, 《역사학보》 53·54, 1972 ; 深谷敏鐵, 〈鮮初의 土地制度 一斑 - 이른바 科田法을 중 심으로〉, 《史學雜誌》 50 - 5·6, 1939 ; 이상백, 《이조건국의 연 구》, 을유문화사, 1949 ; 이우성, 〈고려의 영업전〉, 《역사학보》 28, 1965 ; 이성무, 〈양반과 토지소유〉, 《조선초기양반연구》 제4장, 일조각, 1980 ; 이경식, 《고려전기의 전시과》, 서울대학교출판부, 2007.

27) 이성무, 주 22의 논문 및 〈공전·사전·민전의 개념〉, 《한우근박사 정년기념사학논총》, 지식산업사, 1981 ; 김용섭, 주 25 논문. 앞의 주 24에서 언급했듯이, 조율은 이 시기의 토지제도·지주제를 이해 하는데 중요한 의미가 있다. 什一稅의 규정은 특히 그러하다. 이러 한 租率의 전제 위에서 並作半收하는 지주제는 관행할 수가 있었 다. 이 시기에는 公田에 3科가 있었듯이, 租率에서도 몇 종류가 있 었을 것임을 전제할 필요가 있다.

28) 강진철, 〈고려의 농장에 대한 일연구 - 민전의 탈점에 의하여 형성 된 권력형 농장의 실체 추구〉, 《한국 중세 토지소유연구》, 일조각, 1989 ; 이경식, 〈고려 말기의 사전 문제〉, 《조선전기 토지제도 연구 》, 일조각, 1986 ; 이인재, 〈고려중후기 수조권 탈점의 유형과 성 격〉, 《동방학지》 93, 1996.

29) 이태진, 〈14·15 세기 농업기술의 발달과 신흥사족〉,《한국사회사연구》, 지식산업사, 1986 ; 宮嶋博史, 〈朝鮮農業史上에서의 15世紀〉,《朝鮮史叢》3, 1980 ; 민성기, 〈조선시대의 시비기술 연구〉,《부산대인문논총》24, 1983 ; 이호철, 〈조선전기농업사연구〉, 서울대 농경제학과 박사논문, 1985 ; 이춘녕,《한국 농학사》, 민음사, 1989 ; 飯沼二郎·高橋甲四郎·宮嶋博史 編集, 高橋昇,《朝鮮半島의 農法과 農民》上·下, 未來社, 1998 ; 김용섭, 〈고려각본《원조정본농상집요》를 통해서 본《농상집요》의 찬자와 자료〉,《한국중세농업사연구》, 지식산업사, 2000 ; ───, 〈세종조의 농업기술〉, 앞 책 ; ───, 〈조선전기의 농서 편찬과 두 경향의 농학사조〉, 신정증보판《조선후기농학사연구》, 지식산업사, 2009.

30) 周藤吉之,《高麗朝官僚制의 硏究》, 법정대학출판국, 1980 ; ───, 〈高麗朝에서 朝鮮初期에 이르는 田制改革〉,《東亞學》3, 1940 ; 이상백, 주 26의 서 ; 深谷敏鐵, 〈朝鮮에 있어서의 近世的 土地所有의 成立過程 – 高麗의 私田에서 李朝의 民田으로〉,《史學雜誌》55-2.3, 1944 ; 한영우, 〈태종·세종조의 대사전시책〉,《한국사연구》3, 1969 ; 浜中昇, 〈高麗末期의 田制改革에 대하여〉,《朝鮮史研究會論文集》13, 1976 ; 김태영, 〈과전법하의 자영농에 대하여〉,《한국사연구》20, 1978 ; 이경식,《한국중세토지제도사 – 고려》, 서울대학교출판문화원, 2011 ; ───, 증보판《한국 중세 토지제도사 – 조선전기》, 서울대학교출판문화원. 2012 ; ───, 이경식, 〈고려전기의 평전과 산전〉,《고려시기 토지제도 연구》, 지식산업사, 2012.

31) 주 29의 이태진, 宮嶋博史 논문 ; 김용섭, 〈고려시기의 양전제〉,《한국중세농업사연구》, 지식산업사, 2000.

32)《경국대전》권 2, 〈호전〉, 양전조 ;《전제상정소준수조획》; 김용섭, 〈결부제의 전개과정〉,《한국중세농업사연구》, 지식산업사, 2000.

33) 深谷敏鐵, 〈科田法에서 職田法으로〉,《史學雜誌》51-9·10,

1940.

34) 이경식, 〈조선전기 직전제의 시행과 그 추이〉,《조선전기토지제도연구》, 일조각, 1986.

35) 周藤吉之, 〈麗末鮮初에 있어서의 農莊에 대하여〉,《靑丘學叢》17, 1934 ; 旗田 巍, 〈李朝初期의 公田〉,《朝鮮史硏究會論文集》3, 1967 ; ---,《朝鮮中世社會史의 硏究》, 法政大出版局, 1972 ; 有井智德, 〈李朝初期의 私的土地所有關係 ― 民田의 所有·經營·收租關係를 中心으로〉, 同上 논문집, 1967 ; 이경식, 〈농지경영과 지주제 ― 민전〉,《조선전기토지제도연구》Ⅱ, 지식산업사, 1998 ; 김홍식,《조선시대 봉건사회의 기본구조》, 박영사, 1981.

36) 이종영, 〈조선초의 둔전제에 대하여〉,《사학회지》7, 1964 ; 이재룡, 〈조선초기 둔전고〉,《역사학보》29, 1965 ; 이경식, 〈농지경영과 지주제 ― 관전〉,《조선전기토지제도연구》Ⅱ, 지식산업사, 1998 ; 旗田 巍, 주 35의 論文 ; 有井智德, 〈李朝初期에 있어서의 公的土地所有로서의 公田〉,《朝鮮學報》74, 1975.

37) 이태진, 〈14·15세기 농업기술의 발달과 신흥사족〉,《동양학》9, 1979 ; 이호철,《조선전기농업경제사》, 한길사, 1986.

38) 宮嶋博史, 주 29의 논문 ; 민성기, 〈東아시아 古농법상의 耨犁考 ― 중국과 조선의 경종법 비교〉,《성곡논총》10, 1979 ; ---, 〈조선전기의 맥작기술고―농사직설의 종맥법 분석〉,《부대사학》4, 1980 ; 林 和男, 〈李朝農業技術의 展開〉,《朝鮮史叢》4, 1980 ; 김홍식, 〈이조농업생산력의 형성과 그 특질〉, 주 35의 책 제2장.

39) 이경식, 주 35의 논문 ; 이태진, 〈16세기의 천방(보)관개의 발달 ― 사림세력 대두의 경제적 배경 일단〉,《한우근박사 정년기념사학논총》, 지식산업사, 1981.

40) 한영우, 〈조선전기의 경제사상〉,《조선전기사회사상연구》, 지식산업사, 1983 ; 이경식, 〈조선전기의 토지개혁논의〉,《한국사연구》61·62, 1988.

41)《성종실록》권 182, 성종 16년 8월 무신, 11책, 50쪽에 따르면, 전라도 南平의 私奴家同은 2천 석의 곡식을 納粟하고 있었다. 이 같은

私奴는 상당한 규모의 地主 巨商이었을 것으로 생각된다.

42) 김석형, 《조선봉건시대 농민의 계급구성》, 1957(신서원, 1993 재편집), 末松保和·李達憲 日譯本, 1960 ; 김홍식, 주 35의 서 ; 宮嶋博史, 〈李朝後期 農書의 硏究〉, 《人文學報》 43, 1977.

43) 이 표의 작성 근거에 관해서는 김용섭, 주 32의 논문을 참조.

44) 김용섭, 〈선조조 고공가의 농정사적 의의〉, 신정증보판 《조선후기농업사연구》 II, 지식산업사, 2007.

45) 《탁지지》 제3책 권4, 판적사 전제부2 양전, 양전식, 107~108쪽, 서울대학교 고전간행회, 1967 ; 숙종조의 〈양전사목〉 제17항(증보판 《조선후기농업사연구》 I, 〈양안의 연구〉, 지식산업사, 1995) ; 《속대전》, 《대전회통》 권2, 호전 양전조 ; 김용섭, 〈결부제의 전개과정〉, 신정증보판 《한국중세농업사연구》, 지식산업사, 2000.

46) 《만기요람》 재용편 2, 전결에서 작성.

47) 김용섭, 신정증보판 《조선후기농학사연구》, 지식산업사, 2009.

48) 위의 책.

49) 김용섭, 〈조선후기의 경영형 부농과 상업적 농업〉, 《조선후기농업사연구》 II, 지식산업사, 2007 ; 송찬식, 〈조선후기 농업에서의 광작운동〉, 《이해남박사 화갑기념사학논총》, 일조각, 1970.

50) 四方博, 〈李朝人口에 관한 身分階級別的 觀察〉, 《朝鮮社會經濟史硏究》 中, 國書刊行會, 128쪽 ; 김용섭, 〈조선후기 신분구성의 변동과 농지소유 - 대구부 조암지역 양안과 호적의 분석 - 〉, 증보판 《조선 후기 농업사연구》 I, 지식산업사, 1995.

51) 정석종, 《조선후기사회변동연구》, 일조각, 1983 ; 이태진, 〈조선후기 양반사회의 변화〉, 《한국사회발전사론》, 일조각, 1993 ; 이준구, 《조선후기신분직역변동연구》, 일조각, 1993 ; 四方博, 위의 논문 ; 김용섭, 위의 논문.

제5장 중세 말의 농업모순과 개혁의 방향

도론 : 중세 말(中世 末)의 전환기를 맞이하며

우리 역사에서 18세기 후반에서 19세기에 이르는 기간은 농업생산력의 발전으로 농촌사회가 분해되고, 중세 봉건사회의 근간인 신분제가 서서히 해체되면서 근대사회로의 전환이 준비되는 시기였다. 개항통상(開港通商) 이후에는 외래자본이 작용함으로써 민족모순(民族矛盾)이 가중되는 시기이기도 하였다.

앞에서도 언급했듯이 조선 전기까지의 수조권(收租權)에 바탕을 둔 전주전객제(田主佃客制)가 소멸된 조건에서 소유권(所有權)에 바탕을 둔 경제제도, 토지제도는 안정될 것이 기대되었다. 그러나 조선 후기에 이르면서는 왜란으로 파괴된 농업생산을 재건하고 발전시키는 가운데 경제제도, 토지제도에 새로운 변동이 일어나게 되고, 농촌사회가 크게 변동하게 된 것이었다. 농민항쟁을 비롯한 이 시기 사회 전반의 혼란도 이 같은 경제제도, 토지제도의 변동을 바탕으로 전개되었다.

이 기간을 문명사적으로 보면, 조선왕조는 제1차 문명전환의 단계에서 제2차 문명전환의 단계로 전환하는 기간으로서 중국 중심의 동아시아 문명, 곧 유교문명에서 서구 중심의 근대

문명으로 전환하는 단계이기도 하였다. 천주교 신부가 잠입하여 선교를 함으로써 사상계는 대혼란이 일어났다. 이 문명은 자본주의, 제국주의의 군사적 침략[植民主義]을 동반하기도 하였다. 일본은 서둘러 서구문명으로 전환하고 근대 제국주의국가가 되어 이웃을 침략하였다. 이 시기의 조선왕조는 이 모든 일에 대해서 적절한 대응정책을 세우지 않으면 안 되었다.

그러므로 이러한 어려운 시기에 국가 민족이 살아남으려면 국왕, 정치가, 지식인이 이 시기의 문명전환의 흐름, 역사의 흐름, 농업사 흐름 속의 농업문제, 모순구조의 문제 등 전반에 대해서 정확한 이해가 필요했다. 그리고 민의(民意)에 따라 정치, 경제, 사회를 전환시키고 농업문제, 모순구조의 문제를 과감하게 개혁해나가는 지혜가 필요했다. 그러한 의미에서 이 시기의 국왕들은 어쩔 수 없이 문명 전환기의 개명군주(開明君主)가 되어야 했다. 하지만 이 모든 일이 쉽지만은 않았다.

1. 중세 말 농업에서 모순구조의 발생

1) 토지집적(土地集積)과 농업생산의 발전

이 시기에는 농업생산이 발전함으로써 농촌사회가 또한 크게 분해될 수 있는 바탕이 마련되고 있었다. 우리는 그것을 몇 가지 국면으로 살필 수 있다.

(1) 토지집적의 확대

무엇보다 먼저 들 수 있는 것은 토지의 사적 소유권에 강한 제약을 가하고 있었던, 수조권에 바탕을 둔 지배층의 토지지배체계(土地支配體系 : 科田法)가 폐기됨으로써 토지소유권이 신장되고, 토지의 매매, 이동이 그만큼 더 자유스러워진 점이었다.

이미 조선 전기부터 많은 양반지배층의 토지 집적(集積)현상이 일어났지만, 조선 후기 왜란과 호란의 양난기(兩亂期)로 넘어 오면서는 정부정책이 지주제를 중심으로 하는 농업정책을 펴고, 그 주체가 일부의 특정 지배층(왕실, 귀족, 관료 및 관권과 연결된 지배층), 중인층, 지주층, 상인, 고리대 계층 등으로 집중되면서 토지집적이 더욱 확산되었다.

토지집적의 대상이 된 토지는 몰락한 농민이나 실세(失勢)한 양반지배층의 그것이었다. 매매뿐만 아니라, 신전(新田) 개발에 따른 토지확장은 토지집적을 더욱 촉진시키고 있었다.[1]

토지는 누구나가 소유할 수 있고 매매할 수 있었기 때문에, 그 집적의 주체에는 상인, 농민 서얼층(庶孼層)이나 천민층(賤民層)도 있게 되었다. 그리하여 이같이 토지집적이 성행함에 따라서는 그 반대로 토지를 방매(放賣)하고 몰락하는 민이 늘어나게 되었다.

(2) 농법의 변동, 농업생산의 발전

다음으로 들 수 있는 것은 농업기술, 농법(農法)이 발달하고 농업생산력이 발전함으로써, 농촌 사회가 분해될 수 있는 바탕이 마련되고 있는 일이었다. 농업기술, 농법의 발달은 고려 말 조선 초에도 한 단계를 그을 만큼 큰 변화가 있었지만, 이 시기에는 그러한 조선 전기의 농업에서 새로운 비약을 보이고 있었다.

논농사〔水田農業〕가 직파(直播 : 付種), 건파(乾播) 중심에서 이앙(移秧) 중심의 농업으로 전환 변동함으로써 노동력을 절약할 수 있게 되었으며, 이로 말미암아 경영확대(經營擴大 : 廣作)를 할 수 있고, 논에 보리심기〔水田種麥〕로 1년 2작도 할 수 있게 되었다.

논〔水田〕의 벼농사〔米作農業〕가 소득이 많았으므로, 밭〔旱田〕을 논〔水田〕으로 바꾸〔飜作 : 反畓〕는 경우가 늘어나고 있었다. 거름주기〔施肥法〕도 더욱 발달하게 되었다. 밭농사에서는 이랑〔畝〕 위에 심는 과종법(科種法, 龍種法)이 밭고랑에 심는 견종법(畎種法)으로 전환하여 노동력이 절약되었다.

그리고 밭농사〔田作〕에서는 목화〔綿〕, 담배〔煙草〕, 가삼(家

蔘), 소채(蔬菜), 약초(藥草) 등의 상품작물(商品作物)의 재배가
늘어나고, 지방에 따라서는 상품작물의 주산지(主産地)가 형성
되기도 했다. 이러한 곳에서는 각종의 상품작물을 전업적(專業
的)으로 재배함으로써, 부를 축적할 수 있는 농민이 등장하게
도 되었다.

실학자(實學者)의 농학 연구와 농서 편찬 및 그 보급, 그리
고 정부와 부유층, 촌락민의 수리시설(水利施設) 확장은 농업
기술을 개량하고 농법을 변동시킬 수 있는 기초가 되었다.[2]

(3) 상품화폐경제의 발달

셋째로 들 수 있는 것은 농촌사회에 상품화폐경제(商品貨幣
經濟)가 발달함으로써, 농촌경제, 농촌사회가 분해되고 변동하
게 되는 촉진제가 된 점이었다. 이 시기에는 유통기구가 발달
하고, 새로운 상인층이 등장하여 상품화폐경제를 발전시키고
있었는데, 이 같은 양상은 농업생산의 발전과 밀접한 관련이
있었다.

상품화폐경제의 발달은 농·수공업(農·手工業) 발전의 결
과이지만, 거꾸로 그것은 농·수공업의 발전을 촉진시키는 바
탕이 되기도 하였다. 그리하여 이 시기에는 양자가 상호 작용
하는 가운데 농산물의 상품화는 촉진되고, 각종 부세(賦稅)와
지대(地代)의 금납화(金納化)가 진전되었으며, 화폐경제, 상인

자본이 농촌경제에 깊숙히 침투하게 되었다.

농업생산이 상품화폐경제에 휘말리고, 봉건사회에 남아 있었던 자연경제적(自然經濟的) 측면이 화폐경제, 상인자본의 영향 아래에서 천천히 변동하지 않을 수 없게 되었다.[3] 농촌사회 분해의 바탕이 마련되고 있는 것이었다.

(4) 개항과 민족적 모순의 겹침

세월이 좀 지난 뒤 개항통상(開港通商)으로 외래상품, 외래자본이 농촌사회에 침투하였다. 그리하여 농산물의 대량 수출로 지주층은 성장하고 농민층의 분해는 촉진되었으며, 사회모순은 더욱 심화되기에 이르렀다. 주된 수출품은 쌀(米), 콩(豆), 소(牛) 등 농축산물이고, 주된 수입품은 공장제 면포(綿布 : 당목·옥양목) 등 생필품이었다. 민족자본과 외래자본의 충돌로 민족적 모순이 종래의 사회모순에 중첩됨으로써 그 모순이 한층 더 심화되었다.[4]

2) 부세제도(賦稅制度)·삼정제도(三政制度) 불합리의 작용

조선 후기의 사회변동에서 농촌사회를 분해시키는 요인은 다른 측면에서도 작용하고 있었다. 그것은 봉건국가의 농민·농촌지배의 문제, 곧 전정(田政), 군정(軍政), 환곡(還穀) 등 부세제도(賦稅制度 : 三政)의 문제였다. 이는 그 제도 자체의 불합리에서도 발생하고, 그 운영상의 불합리에서도 오고 있었다.

이 시기에는 부세제도 자체가 신분제(身分制)와 총액제(總額制)에 바탕을 두고 있어서 구조적으로 결함을 지니고 있었으며, 그것을 부정(不正)하게 운영하는 바가 많아서, 부세행정에 커다란 혼란이 일어나고 있었다. 이른바 삼정문란(三政紊亂)이 그것이었다. 세정(稅政)의 혼란은 전정(田政), 군정(軍政), 환곡(還穀)의 삼정(三政)에서뿐만 아니라, 주로 지방재정(地方財政)에 충당되는 잡역세(雜役稅 : 民庫)의 운영에서도 마찬가지였다.

이는 결국 부세행정(賦稅行政)이 법대로 공평하게 행해지지 않음을 뜻하는 것이었다. 권력(權力), 금력(金力), 지벌(地閥)이 있는 자는 부세 대상에서 빠지거나 헐한 세를 부담하는 데 그치고, 무력하고 비천한 농민층은 2중, 3중으로 세를 과중하게 부담하는 현상이었다. 그리하여 이 같은 세정(稅政)의 문란으로 농민경제가 위축됨은 말할 것도 없었고, 그것이 심해지면 농민경제가 파탄되고 그들을 몰락의 방향으로 몰아갔다.

그뿐만 아니라 부세행정에서 세정(稅政) 문란이 만성화함에 따라서 중농층(中農層)이나 부농층 마저도 그 부세를 감당하기가 어렵게 되었다. 이러한 결과는 농민경제의 성장을 막고 있었음은 말할 것도 없고, 농촌사회의 분해를 부정적인 측면에서 가속시키고 있었다.

이러한 여러 가지 사정은 각각 그 하나만으로도 사회적으로 영향을 미칠 수 있는 것이지만, 이 시기에는 정도의 차이는 있었으나 이 세 가지, 네 가지가 동시에 복합적으로 작용하고 있었다. 그러므로 그것이 농촌경제에 미치는 영향은 심각했다. 경제 동향에 민감하고 이재(理財)에 밝은 부민(富民)은 치부에 힘써 부익부(富益富)하고, 시세에 어둡고 가난한 자는 빈익빈(貧益貧)하여, 농촌사회는 더욱 더 분해되어 나갔다.[5]

3) 농촌사회의 분해와 새로운 모순구조 형성

이 시기 농촌사회에서 치부의 방법은 대체로 토지집적(土地集積 - 所有地)과 지주경영(地主經營), 경영확대(經營擴大 - 廣作)가 중심이 될 수밖에 없었다. 그리하여 농촌사회는 토지소유와 경영규모에 변동이 일어나게 되었거니와, 그것은 양반지배층이나 상민층의 어느 경우에도 마찬가지였다. 그리고 이를 바탕으로 하여 신분의 상승과 몰락으로 봉건적인 신분제가 크게 동요하고 해체되어 나가지 않을 수 없게 되었다. 그리하여 이 시기에는 중세적 농촌사회가 본래부터 지니고 있던 신분계급 구성이 흔들리면서, 중세사회 해체기의 새로운 계급 구성으로 재편성되고 있었다.[6] 요컨대 신분제와 토지소유가 점차 더 괴리(乖離)되고 있었다. 이 문제는 뒤에 다시 언급하겠다.

농촌사회를 지배하는 경제세력으로서 가장 큰 힘을 갖는 것은 지주층이었다. 그 가운데에서도 가장 거대한 지주는 왕실이고 양반관료였다. 왕실은 전국의 도처에 궁장토(宮庄土)를 소유하고 있는, 국가 최대의 봉건지주였다.

재지(在地)의 양반토호층(兩班土豪層) 가운데에도 거대한 지주가 있었다. 이들을 도(道) 단위로 보면 만석꾼(萬石君)이 있고, 군(郡) 단위로 보면 천석꾼(千石君)이 여러 명씩 있으며, 그 밖에 중소지주층 및 조선 전기의 직접 경영의 전통을 이어받은 경영지주층(經營地主層)도 있었다.

이 같은 지주층은 본디 대부분 양반지배층이 중심이 되고 있었으나, 앞에서 언급했듯이, 이때에 이르러서는 주로 관권(官權)과 직접 간접으로 관련이 있는 지배층만이 크게 성장하고 있었다. 이 시기 지주층의 성격이 관료적 지주로 규정되는 까닭이기도 하였다.[7]

이 밖에 이때에는 지방행정의 말단에 참여하고 있는 향리층(鄕吏層)으로서 지주가 되는 자도 적지 않았다. 그리고 상인(商人), 고리대(高利貸), 부농(富農) 등 서민층 가운데에서도 중소지주로 성장하는 자가 적지 않았다. 이른바 서민지주(庶民地主)였다.[8]

이러한 계층은 향촌사회(鄕村社會)의 토착세력으로서 어느 정도 식견이 있으면서도 억척스럽거나, 더욱이 봉건적인 양반지배층의 바탕이 취약한 중부 이북 지역에서 성장하기가 용이하였다. 그러나 이들도 향촌사회에서 그 지방 향권(鄕權)에 직접 간접으로 연결되고 있었음은 말할 것도 없었다. 그렇지 않고서는 부를 유지하기가 어려웠다.

이같이 새로운 지주층이 성장하고 있는 것과 관련하여 주목되는 것은, 과거에는 지주 대열에 참여하고 있었던 양반지배층이 이제는 정치권력에서 배제되는 가운데 지주 대열에서도 탈락, 분해되고 있는 자가 많아지고 있는 일이었다. 경제적으로도 몰락하고 있는 것이었다.

양반층이 몰락하면, 혹 자기의 토지를 소유한 부농, 중농, 소농으로서 노비(奴婢)나 고공(雇工)을 두고 고지노동(雇只勞動)을 써서 이를 경영하거나, 직접 수작노동(手作勞動)으로써 경영하여 살아가기도 하지만, 그 가운데에는 시작빈농층(時作貧農層)으로 전락하기도 하고, 또 최악의 경우에는 임노동층(賃勞動層)으로까지 전락하기도 하였다. 이 같은 몰락한 양반은 신분만 양반이지 경제적으로는 일반 농민과 다를 바가 없었다. 이는 봉건적인 농촌사회의 큰 변화가 아닐 수 없었다.

부농층은 자기 토지이거나 차경지(借耕地)를 가리지 않고, 농작(農作)을 할 경우에 많은 농지를 경영함으로써 부를 축적하는 농민이었다. 소지주의 경우에도 그러한 사람이 있었다. 당시에는 그 같은 농민들을 광작(廣作), 광업(廣業), 광농(廣農), 대농(大農) 등으로 불렀다. 그 경영규모는 가족노동의 노동력의 범위를 넘어서며, 노비(奴婢), 고공(雇工)이나 품앗이 등 고용노동력을 이용함으로써 농지를 경영할 수가 있었다.

이러한 농업경영으로 생산되는 농산물이 자급자족(自給自足)만을 위하는 것이 아님은 말할 것도 없었다. 그들은 수익성(收益性), 시장성(市場性) 등을 고려하며 그것을 경영하였다. 그러한 점에서 그들 가운데에는 반드시 경영확대가 아니더라도, 작은 농지에서 값비싼 상품작물을 생산 판매함으로써 수입을 늘리는 농민도 있었다.

우리는 이 시기의 이 같은 농민들을 경영지주(經營地主 : 地主型富農), 경영형부농(經營型富農) 등으로 부르고 있다. 이 둘은 큰 차이가 없으나, 전자가 주로 양반, 소지주로서 생산자적 성격을 지니는 것과 달리, 후자는 주로 신분에 관계없이 부농으로서 생산자적 성격을 지닌다고 하겠다. 후자 가운데는 혹몰락양반도 있었으나, 그렇더라도 그는 예전부터 농업생산에 종사하였던 사람으로서 일반농민층과 다름없는 존재였다고 하겠다. 이 같은 농민들은 일반농민층 가운데에서도 활동적이고, 농업생산, 농업경영에 일정한 식견을 가진 농민[明農者]들이 그 중심이었다고 하겠다.[9]

이와 같이 경영 확대에 열을 올리는 농민이 있는 한편에는, 농지에서 밀려나는 몰락 농민들도 형성되기 마련이었다. 이러한 농민들 가운데에는 평민층이나 천민층뿐만 아니라 양반층도 다수 존재하였다. 가령 한 명의 광작부농(廣作富農 : 經營地主 : 經營型富農)이 현재의 자기 경영지 외에 경영 확장으로 10명이 경작할 수 있는 농지를 차경(借耕)한다면, 원래 그 농지를 차경

하던 10명의 농민은 농지에서 밀려나게 되는 것이었다.

지주층이 농지를 병작(並作)으로 대여할 때는 빈곤작인(貧困作人)보다 부유작인(富裕作人)을 선호하였다. 그리하여 이 시기에는 이처럼 차지농민(借地農民)의 지위에서조차 밀려나는 몰락농민이 많이 배출되었다.

경영확대[廣作]를 기도하는 농민이 증가함에 따라서는 그와 반비례로 그보다 몇 배나 많은 농민이 농지에서 배제되고 영세화하며 몰락하였다. 그리고 그들은 계일취치(計日取値), 용용고직(傭舂雇織)하는 임노동층이나, 일정량의 논농사[水田農業]를 도급으로 맡아 경작하는 고지노동층(雇只勞動層)을 형성하게 되었다.

그들은 농번기에는 그런대로 생계를 유지했으나, 농한기에는 그것이 어려웠다. 그들은 나무꾼[樵軍]으로써 생계를 잇기도 하고, 자기 집에서 멀리 떨어진[遠隔地] 광산노동자나, 각종 공사장노동자로써 살아가기도 하였으며, 도시로 흘러들어가 날품팔이[日雇勞動者]가 되기도 하였다. 유민(流民), 화전민(火田民)이 되는 경우도 적지 않았다. 이 경우 임노동층(賃勞動層)이 근현대사회의 그것과 성격이 같지 않음은 말할 것도 없었다. 그들은 아직 봉건제 해체기의 임노동층, 반(半)프롤레타리아 성격을 지닌 계층에 지나지 않았다.[10]

그리하여 농촌사회의 이 같은 분화는 농촌사회에 대토지소유자, 지주층 계열의 사회계급과 몰락 농민, 무전(無田) 농민, 임

노동층(賃勞動層) 계열의 사회계급의 대립구도 모순구조를 형성
했다.

4) 모순구조 개혁의 두 방향

모순구조가 심화되는 가운데, 19세기에 이르러서는 몰락 농
민 계열의 사회계층들이 그 구조를 타개하고자 민란, 농민항
쟁을 전개하였다. 그리고 그 물결은 갑오(甲午)년의 체제부정
적·혁명적인 농민전쟁(農民戰爭)으로까지 이어졌다. 이러한
역사과정의 시기는 제2차 문명전환, 근대화 과정이기도 하였
으므로, 국가는 이 같은 문명전환 근대화에 대비하는 뜻에서도
사전에 농업의 모순구조를 수습, 개혁함으로써 사회를 안정적
으로 정비할 필요가 있었다.

그러나 이 같은 문제에는 결국 어떤 입장에서 모순을 수습하
고 개혁할 것이냐하는 어려운 과제가 있었다. 이로 말미암아서
는 경제적 이해관계가 좌우되기도 하고, 앞으로 전개될 사회경
제 형태, 국가체제가 전혀 다르게 나타날 수도 있는 까닭이었
다. 그것은 결국 계급적 이해관계의 문제였다.

그리하여 농민항쟁을 수습하고 사회모순을 제거 개혁하는 방
안은 그것을 제기하는 논자의 사회계급적 입장이나, 농촌사회의
모순구조에 대한 이해방식의 차이에 따라, 양반 지주층 입장에서
의 방안과 농민층 입장에서의 방안으로서 제기되고 있었다.

(1) 양반 지주층 입장의 개혁방안

이 방안은 이 시기의 사회모순을 주로 봉건국가의 농민지배, 곧 수취체계 및 세정운영의 문란에 있는 것으로 보고, 이를 바로잡아 개혁(釐整)하면 민란, 농민항쟁은 수습되고 농민경제는 안정될 것이라고 보는 견해였다.

세정의 문란은 확실히 오랜 세월에 걸쳐 계속되었고, 이로 말미암아 민의 원성이 높았던 것이 사실이었다. 그리고 19세기에는 이를 계기로 민란, 농민항쟁이 일어나고 있는 것도 사실이었다. 그러므로 이 같은 수취체계 및 세정운영의 문란을 바로잡아 개혁함으로써 이 시기의 사회문제를 수습하려는 것은 당연한 일이었다.

이 시기의 사회모순은 과세자(課稅者)와 담세자(擔稅者), 국가와 농민(農民 : 土地所有者) 사이의 대립관계이기도 하였으므로, 이에 대한 개혁은 반드시 필요하였다. 그리고 그러한 이유에서 이 개혁정책(釐整策)이 성공하면, 농민경제가 일정하게 안정되고 성장하게 될 것임은 말할 것도 없었다.

이 시기의 사회모순에 대한 이러한 대응조치는 조선 후기의 봉건정부나 지배층의 전통적인 정책이기도 하였다. 양전(量田)의 시행, 대동법(大同法), 균역법(均役法)의 실시, 그리고 잡역세(雜役稅) 및 지방관청 안의 각 관청의 응봉응하(應捧應下 : 歲入歲出)제의 제정 등은 그 가운데에서도 두드러진 예였다.

19세기에 들어와서도 봉건정부와 지배층은 이러한 전통 위에 서서 개혁방안을 모색하고 있었다. 법에 따른 세정(稅政)의 공정한 운영이 재삼재사 강조되고 있었음과, 19세기 중엽의 농민항쟁(農民抗爭 : 三南民亂)을 계기로 마련된 삼정이정책(三政釐整策) 및 대원군(大院君)의 호포법(戶布法)을 포함한 내정개혁은 그러한 입장의 개혁방안(釐整策)이었다.[11]

(2) 농민층 입장의 개혁방안

이 방안은 이 시기의 사회모순을 다만 세정문란(稅政紊亂)에 말미암는 것으로만 보지 않고, 그 기저에 농업 토지문제, 곧 지주(地主)와 시작(時作)농민 사이의 대립 갈등, 모순구조가 있는 것으로 보는 견해였다. 그러므로 사회모순을 해결하려면 세정(稅政)뿐만 아니라 농업 토지문제로서의 모순구조를 폭넓게 해결해야, 민란, 농민항쟁은 수습되고 농민경제도 안정되리라는 것이었다.

토지 문제는 사실 이 시기 최대의 농업문제였다. 이때에는 봉건지배층과 지주층이 많은 토지를 소유하고, 농민층은 토지에서 배제되고 영세화하는 바가 점점 심해지고 있었으며, 시작지(時作地)의 차경(借耕)에도 경쟁이 생기고 있었다.

그뿐만 아니라, 시작농민과 지주층 사이의 대립인 항조운동(抗租運動)도 심해지고 있었으며, 부세(賦稅) 문제를 둘러싼 민

란도 그러한 바탕 위에서 전개되고 있었다. 그러므로 이 시기의
사회문제 해결에는 토지문제의 해결, 곧 토지개혁, 봉건지주제
의 해체가 있어야 함은 말할 것도 없는 일이었다.

이러한 견해도 오랜 역사적 전통이 있었다. 17세기 중엽 이
래로, 실학자(實學者)와 진보적인 농촌지식인들이 제기하고 있
었던 일련의 토지개혁론(土地改革論 : 井田論, 均田論, 限田論)
이 그것이었다.

그리하여 그러한 전통 위에서 19세기 민란, 농민항쟁의 시기
에 들어와서도, 이 계통의 학자들은 토지개혁, 지주제의 해체
로써 농민항쟁을 수습하고, 농민경제를 안정시키려 하였다. 정
약용(丁若鏞), 서유구(徐有榘), 홍길주(洪吉周) 등의 19세기 초
농민항쟁〔洪景來亂〕에 대한 수습방안에서도 그렇고, 허전(許
傳), 강위(姜瑋) 등의 19세기 중엽의 농민항쟁〔三南民亂〕에 대
한 수습방안에서도 그러하였다.

그들은 그러한 문제의 수습방안으로서 토지개혁을 통한 지
주제의 해체와, 농민적 토지소유를 이루는 것이 최선의 방안이
라고 생각하였다. 그러한 위에서 세정개혁(稅政改革)도 있어야
할 것임을 강조하였다.[12]

2. 정조조의 〈구농서윤음(求農書綸音)〉과 〈응지진농서(應旨進農書)〉

1) 정조의 〈구농서윤음〉

전환기의 난국을 먼저 타개하며, 조선왕조가 나아갈 진로를 개척해야 할 국왕은 1776년에 즉위한 18세기 최말기의 정조(正祖)였다. 정조는 노론정권을 이끄는 군왕으로서 국가중대사가 있을 때는 여론을 수집하여 정부에서 논의하여 결정하는 등, 매사에 일을 신중하게 처리하였다. 여론을 듣는 방법으로는 〈구언교(求言敎)〉를 내리기도 하고, 〈순문교(詢問敎)〉나 〈순막(詢瘼)〉을 하명하기도 하였다. 이 밖에 조선왕조는 농업국가였으므로, 새해 초에 〈세수권농교(歲首勸農敎)〉를 내리기도 하였는데, 이 교서는 구언교와 일치되기도 하였다. 그 가운데서도 구언교는 농업 농정상에 어려운 문제가 발생하였을 때 여론을 듣는 방법으로 내려지는 교서였다.

이 장에서 다루는 정조의 〈구언교〉는 정조 22년(1798) 11월 30일 〈권농정구농서윤음(勸農政求農書綸音)〉의 제목으로 내려졌다. 농정을 바로 세우고 새로운 농서를 구하려는 윤음이었다. 정조는 이 시기의 농업체제 전반의 불합리나 그가 평소에 지니고 있었던 농업 문제에 대한 관심 위에서 농민경제나 국가 재정에 큰 타격을 주는, 해마다 계속되는 흉년〔歉荒〕에 충격을 받으며, 농정 농업문제에 대한 근본적인 검토가 필요하다고 생각하게 된 것이었다. 그리고 이것을 선왕 영조(英祖)의 '친경적전(親耕籍田)' 60주년(정조 23, 1799)의 기념사업으로 추진하게 되는 사업이었다.

정조는 이렇게 해서 들어오는 제언을 종합 검토하고, 정부에서 전문가로 하여금 '농가대전(農家大全)'이 될 수 있는 새로운 표준적인 농서를 편찬하고, 이로써 농업생산을 한층 더 발전시키고자 하는 것이 구언교를 내린 목표였다. 왜란 뒤에 편찬된 국정 농서《농가집성(農家集成)》은 조선 전기의《농사직설(農事直說)》,《사시찬요초(四時纂要抄)》,《주자권농문(朱子勸農文)》등을 집성한 것으로서 이미 낡았으므로, 이제는 새로운 시대에 걸맞는 새로운 농서가 필요하다고 생각하였다.

정조가 그의 사업을 완결하지 못하고 사망한(정조 24년 6월, 1799) 뒤에도 그 취지에 찬동하는 학자, 지식인들은 그 뒤 순조(純祖)와 헌종(憲宗) 때에 들어와서도 계속 그들의 연구를 진행하고 완성하여, 그것을 정조의 〈구농서윤음〉을 기념하는 뜻으로 세상에 내놓았다. 참여한 인사들은 많았고 작은 논문에서 대저술에 이르기까지 훌륭한 글들이 적지 않았다. 그 응지진농서(應旨進農書)들은 대략 다음과 같았다.

① 《응지진농서(應旨進農書)》(정부에서 논의된 것, 69명) ② 《북학의(北學議)》 ③ 《과농소초(課農小抄)》 ④ 《해동농서(海東農書)》 ⑤ 《천일록(千一錄)》 ⑥ 《응지논농정소(應旨論農政疏)》 ⑦ 《전론(田論)》 ⑧ 《농대(農對)》 ⑨ 《순창군수응지소(淳昌郡守應旨疏》 ⑩ 《임원경제지(林園經濟志)》 ⑪ 《의상경계책(擬上經界策)》 ⑫ 《경세유표(經世遺表)》 - 정전론(井田論) ⑬ 《농정회요(農政會要)》 ⑭ 《농정요지(農政要志)》 ⑮ 《산림경제보유(山林經濟補遺)》 ⑯ 《농포문답(農圃問答)》 ⑰《농서(農書)》(20권 홍길주〔洪吉周〕)

2) 《응지진농서》의 농업문제 해결방안

《응지진농서(應旨進農書)》들은 짧은 글 속에서 18세기 말 19세기 초의 농업과 농촌의 현실을 언급하면서 시대적 과제인 농업문제, 곧 농업상의 모순구조를 해결하고자 하였다. 또한 이 시기에 합당한 농서를 체계적으로 저술한 학자들은 그들 저서 가운데서 농업 문제의 해결방안을 제기하기도 하였다.

여기서 말하는 농업문제는 왜란 이후 계속 확대되어온 양반관료층, 경화거실(京華巨室), 향곡부호(鄕曲富豪) 등의 토지집적과 대토지소유에 따른 지주경영(地主經營)으로 말미암아, 많은 농민들이 토지에서 배제되어 영세농, 전호농민, 시작농민, 임노동계층으로 되는 분해현상과 그 불합리성을 말하는 것이었다. 그러므로 응지진농서자(應旨進農書者)들, 더욱이 농촌지식인들이 이를 언급하고 개혁을 건의하게 되는 것은 자연스러운 일이었다. 그들은 그것을 농민경제의 소생을 전제로, 한전론(限田論), 균전론(均田論), 그리고 대전법(貸田法), 농업협동(農業協同)론 등으로 제시하였다.

그 가운데서도 중심이 되는 것은 한전론(限田論), 균전론(均田論)이었다. 그러나 이 토지제도는 대토지소유제를 변혁하려는 개혁론으로서 이상적인 제도이기는 하였지만, 지배층의 이익에 배치되는 것이므로 정치적 대변혁 혁명의 시대에나 이룰 수 있으며, 평상시의 정부에서는 실현하기 어려운 견해가 아닐 수 없었다. 그 제도의 뜻은 좋았지만 그것을 실현하는 방법에 어려움이 있는 것이었다. 그러므로 이는 그때의 정부정책으로 채택되지 못하였다.

이때에는 실학자 계열의 인사들도 농업문제의 해결을 위한 정책방안을 제기하였는데, 그 가운데서도 서유구(徐有榘)가 《의상경계책(擬上經界策)》에서 제시한 '광둔전 이부저축(廣屯田 以富儲蓄)'의 방안, 정약용(丁若鏞)이 〈응지진농서〉로서 제시한 〈전론(田論)〉과 그 뒤 노년기에 연구한 《경세유표(經世遺表 - 井田論)》의 방안은 그의 직업관(職業觀-9職論)과도 관련하여, '경자유전(耕者有田),' '사회적 분업(社會的分業)'의 원리에 따라서 마련된 시대를 뛰어넘는 탁월한 견해였으나, 이 또한 정부정책으로서 채택될 기회가 없었다.[13]

3. 철종조의 민란과 응지삼정책(應旨三政策) 및 삼정이정책(三政釐正策)

1) 삼남민란(三南民亂)과 삼정이정청(三政釐整廳) 삼정책문(三政策問)

19세기, 특히 그 후반기는 민란의 시대였다. 철종(哲宗) 13년 (1862) 2월 경상도 단성(丹城) 진주(晉州)에서 발생한 민란은 곧 이웃 군현, 이웃 도로 번졌다. 마침내 삼남지방의 여러 군현이 민란의 소용돌이에 휩쓸리게 되었고, 이어서는 중부 지방, 북부 지방으로까지도 확산되기에 이르렀다. 이른바 철종(哲宗)조의 삼남민란(三南民亂)이었다.[14]

이는 17세기 이래로 농촌사회에서 농업문제, 모순구조가 누적되었으나 해결되지 못하고, 정부의 불합리한 부세제도(賦稅制度), 삼정제도(三政制度)가 또한 계속 수탈을 거듭하고 있었으나 통제되지 못하였기 때문이었다.

철종조 삼남민란의 선두주자인 진주민란(晉州民亂)은 그동안 관(官)의 수탈과 지방 말단 서리들의 부정[吏逋]으로 결손된 환곡(還穀)으로부터 거두어들이는 수입을 바탕으로 한 재정을 민

표 7. 철종 13년의 民亂 발생상황

경상도	전라도	충청도	경기·북부
단성 진주 개령 상주 거창 선산 창원 인동 성주 남해 함양 울산 군위 비안 밀양	익산 함평 부안 금구 장흥 순천 강진 제주 고산 무주 진산 여산 정읍 장성 영광 나주 남평 흥양 낙안 옥과 창평 능주 동복 무장 임피 장수 용담 고창 무안 화순 진도 순창 태인 구례 진안 금산	회덕 공주 은진 진잠 연산 청주 회인 문의 청안 아산 등지의 화적	함흥 황주 광주 정주

결(民結)과 통호(統戶)에 부과하는, 이른바 도결(都結) 통환(統還)으로써 메우게 된 것이 빌미가 되었다. 그러므로 정부에서는 민란을 수습하고자 부세제도(賦稅制度), 삼정제도(三政制度)를 개정〔釐整〕하면 될 것으로 생각하였으며, 삼정이정청(三政釐整廳)을 설치하여 이 문제를 연구토록 하고, 삼정구폐(三政捄弊)를 위한 일종의 〈구언교(求言敎)〉로서 삼정책문(三政策問)을 시책(試策)으로 내림으로써 - 10일 동안을 기한으로 집에서 왕명을 받아 시문을 초하여 올림〔在家製進〕 - , 광범하게 여론을 수집하여 문제를 수습하려 하였다.

2) 응지삼정책(應旨三政策)의 삼정개선 · 삼정개혁론

삼정의 폐해를 막기〔三政抹弊〕 위한 〈구언교〉에 응하여 삼정
책을 저술한 사람은 수백 명이나 되었다. 삼정책문(三政策問)이
시책(試策)의 형식을 취했기 때문에 그 사람들이 모두 시장에 나
간 것은 아니었으나, 평소에 이 문제에 관심이 있었던 사람들은
〈구언교〉를 계기로 개인의 입장에서 이 문제를 연구 정리하여
삼정책의 저술을 남기게 된 것이었다. 우리는 비록 그 모두를 볼
수 있었던 것은 아니지만, 그러한 가운데서도 중요한 글을 50여
편이나 볼 수 있어서, 진주민란 이해에 크게 도움이 되었다.

삼정구폐(三政抹弊)는 요컨대 삼정의 폐단을 제거하려는 것,
즉 삼정을 개선하고 개혁하여 정상적인 제도로 정착시키려는
정책이었다. 그러므로 삼정책의 저자에 따라 삼정과 농민항쟁
에 대한 이해가 다른 정도만큼이나 그 방안은 다양하게 제기되
었다.

삼정개선론(三政改善論)은 종래의 부세제도, 삼정제도의 불
합리한 점과 폐단을 그 제도권 안에서나마 소변통(小變通)으로
개량, 개선함으로써 농민항쟁, 민란의 물결을 차단, 수습하고
농촌사회를 안정시키려는 견해였다. 국가 체제 옹호 입장에서
나온 의견이었다.

이에 견주어 삼정개혁론(三政改革論)은 민란, 농민항쟁의 근
본 원인을, 삼정 가운데서도 농정, 곧 농촌사회의 분해로 농민

층이 몰락하고 못살게 된 데 있는 것으로 보고, 이 농업문제, 모순구조를 대변통(大變通)으로 토지개혁까지 하여 농민경제를 안정시키면, 농민항쟁 민란의 물결이 종식되리라는 견해였다. 난의 주체인 농민의 입장에서 나온 방안이었다.

다만 이 경우 전자의 입장에 서는 삼정책 논자의 수는 많았고, 후자의 입장에 서는 삼정책 논자의 수는 적었다.

3) 삼정이정책에 반영된 삼정책의 개선 · 개혁론

철종조의 민란사태를 수습하려는 사령탑 삼정이정청에서는 이러한 여론을 토대로 결론을 내리지 않으면 안 되었다. 결론은 삼정이정책(三政釐整策 : 三政釐整節目)으로 구체화했다.

이에 따르면, 전정(田政)의 개선은 예로부터의 제도를 그대로 유지하는 가운데 그 폐단만을 시정하려는 것이었다. 다시 말하면 조선왕조의 전제(田制)의 여러 규정을 재확인하고 법대로 운영하려는 것이었다. 진보적인 학자들이 행여나 하고 기대하였던, 이 시기의 농민층 분해, 농정상의 모순구조를 타개하는 토지개혁의 문제는 고려의 대상이 되지 못했다.

군정(軍政)은 구제도를 기본으로 유지하되 여러 가지 폐단을 제거하려는 것이었다. 새로이 개혁을 시도한 것은 동포제(洞布制)의 채택을 허용한 점이었다.

환곡(還穀)은 이를 근본적으로 개혁하려 하였다. 진주민란은 환곡문제에서 발단하였으므로, 삼정이정청에서는 이 문제에 더욱 유의하였다. 개혁은 두 방향으로 추진되었다. 첫째는 환곡제도의 취모보용(取耗補用 : 환곡의 이자를 받아 관의 경비에 충당함)기능을 파환귀결(罷還歸結 : 환곡제도를 폐지하고 이를 田結에 부과)하는 것이었고, 다음은 환곡제도의 진대(賑貸)기능을 위해서는 사창제(社倉制)를 설치함으로써 해결하려 하였다.[15]

요컨대 철종조의 삼정이정책은 부분 개선, 부분 개혁의 특징을 지니는 것이었다.

4. 고종조(高宗朝)의 시대상황과 민란·농민항쟁 국가개혁

1) 시대상황 – 고종 시기는 제2차 문명전환(文明轉換)의 출발점

우리 역사를 큰 틀로서 정리하고자 할 때, 고종(高宗)은 철종(哲宗)을 계승한 국왕임에도, 두 국왕의 재위 시기에는 근본적으로 다른 큰 차이가 있었다. 철종 때까지는 제1차 문명전환의 단계속에서 그 원리로서 살아왔으나, 고종 때부터는 제2차 문명전환의 단계가 시작되었기 때문이다. 즉 제1차 문명전환

단계에서는 고조선의 고대문명이 중국의 중세 유교문명권(儒教文明圈)에 편입되어 유교이념으로 살아온 것과 달리, 제2차 문명전환 단계에서는 그 중세적 유교문명권에서 서구의 근대문명(近代文明)으로 문명전환을 하고, 근대국가 근대사회의 원리로 살아가지 않으면 안 되었기 때문이다.

그러나 제2차 문명전환이 신사적으로 조선왕조를 근대국가로 만들어준 것은 아니었다. 그것은 우리가 전통적으로 살아온 제1차 문명, 동아시아 문명의 사상, 제도, 관습을 청산하고 서구문명으로 전환할 것을 요구하였고, 그뿐만 아니라 자본주의(資本主義), 제국주의(帝國主義), 식민주의(植民主義)적인 침략자로서의 성격도 동반하고 있었다. 그들은 조선보다 먼저 문명전환한 중국, 일본을 포함한 제국주의 열강으로서 동아시아의 요충지인 한반도를 독점하고자 서로 경쟁을 하거나 또는 둘, 셋이 연합하여 서로 상대를 견제하고도 있었다.

2) 정치세력들의 시대상황에 대한 대응 자세

이 같은 시대상황에서 조선왕조가 살아남으려면 국왕과 정치세력들이 현명하게 대처하지 않으면 안 되었다. 고종조의 정치세력으로는 수구(守舊)적이며 중국과 유대관계가 깊은 민비(閔妃) 민씨정권(閔氏政權)이 있고, 그와 대립되는 제2차 문명전환, 곧 근대화를 지향하며 서구 여러 나라 및 일본과 유대관

계가 깊은 개화파(開化派)가 있으며, 그 한가운데 자주적 입장
에서 국가개혁을 모색하는 대원군(大院君)계의 정치세력이 있
었고, 그 밖에 전통적 유교사상을 그대로 신봉하며 근대화를
거부하는 재야의 보수적 유자(儒者 : 儒生) 계열의 정치세력이
있었다.[16]

그러므로 이때의 시대상황에서 조선의 난국 돌파의 성공과
실패는 이들 정치세력이 정국 운영 능력과 국왕 고종(高宗)의
통치력에 달려 있었다고 하겠다. 그런데 이 시기 이들의 정국운
영에서는, 그 세력들이 각각 자기주장만을 내세울 뿐, 그들의
주장을 통합하여 하나의 국론(國論)을 조성하는 데까지는 미치
지 못하고 있었다. 그럴만한 위대한 정치가도 없었고, 그럴 만
한 책사(策士)도 키워내지 못했으며, 고종이 전환기의 개명군주
(開明君主)로서 그 같은 일을 감당하기에도 역불급이었다. 조선
의 중앙 정계는 위기상황이었고 혼란 그것이었다.

3) 왕조 말기적 농민통치와 민란, 농민전쟁, 집강소(執綱所)

(1) 왕조 말기적 농민 통치

조선에서는 중앙의 정치가 이러하였으므로, 지방행정을 통
한 농민 통치가 제대로 될 수 없었다. 중앙의 통치 질서가 교란
되는 가운데 지방에서 농민을 통치하는 행정 질서가 제대로 유

지되고 운영되기 어려웠던 것이다. 철종 때에 마련한 삼정이정책이 엊그제의 일이지만 지켜지지 않았으며, 지방수령들은 새로운 상황에서 마음껏 농민을 수탈하였다. 향촌사회 토호층(土豪層)의 지방민 수탈은 '토호층이 농민들을 함부로 다루는 것은 수령들이 토색질하기보다 더 했다(土豪武斷 胎有甚於守令貪汚)'고 일컬을 만큼 수령들의 수탈보다도 더 심하였다. 왕실도 균전수도(均田收賭)의 이름으로, 가뭄으로 진전화(陳田化)한 일반 민의 농지를 법〔農務規則〕을 고쳐가며 강제로 개발하고 겸병하였다.

그러므로 농촌사회의 모순구조는 더욱 심해지고, 농민경제는 더욱 어려워졌으며, 많은 농민층이 몰락민으로 몰리게 되었다. 이렇게 해서 몰락한 농민층이 가게 되는 길은 화적(火賊)이나 민란의 주체인 난민(亂民)이 되는 것이었다. 그것은 〈표 8〉에서 보는 바와 같이 광범하고 격심하였다.

(2) 민란에서 농민전쟁으로

민란은 보통 전후 두 단계 - 정소운동(呈訴運動)과 폭력운동 - 를 거치면서 군현 단위로 발생하였다. 농민지배의 지방행정기구는 군현이고, 지방수령(地方守令)과 향리층(鄕吏層)이 부세제도(賦稅制度), 삼정(三政)의 제도를 중심으로 수탈하여 삼정문란을 초래한 곳, 따라서 그것의 시정을 요구할 수 있는

곳도 군현이기 때문이었다. 그러므로 민란은 처음에는 합법운
동으로서 정읍(呈邑) · 정영(呈營)의 정소운동(呈訴運動)으로서
출발하는 것이 일반이었으며, 이것이 받아들여지지 않을 때 그
운동은 진주민란(晉州民亂)에서 본 바와 같은 폭력운동으로 전
환하고 그들은 난민이 되는 것이었다.

표 8. 화적, 민란, 문명전환 관련 사항

연도	화적	민란 동학(남부)	문명전환
철종 3	아산	진주 등 삼남민란	
14		풍천	
고종 1 (1864)	과천 양근	동학교주 최제우 효수	
2	양성		
3			병인양요
4	홍주		
5		칠원 온성	
6		고성 광양	
7		진주(난 기도)	
8		영해 조령	신미양요
9	안동		
10			
11	향외(원 ?)		
12	고양	울산	
13	근기		병자수호조약 체결
14	파주 김포 영암		
15	충청 경기각읍 서울		
16	평산 장흥		
17	서울근교 외읍	장련	《조선책략》 들여옴
18	각도 영읍 청주		

19	강서 용강 삼화		조미수호조약 영·독·이·러와 체결 임오군란 정변
20	강화 기전 팔도사도	동래 성주	
21	팔도사도 충청도	가리포 안악〔吏鄕〕	갑신정변
22	호남활빈당 황해도 토산 진해	토산 여주 원주	영함대 거문도 점령 제중원,배재학당 설립 육영공원 이화학당 설립
23	음성		
24	기호 서울근교		
25		북청 영흥 고산역	
26		전주 광양 수원 인제 정선 통천 흡곡 길주	
27	기내 충주 진위	함창 안성	
28	산림에서 매우 성함	제주(어민) 고성 평산(정영)	
29	서울·외도에서 매우 성함	예천 나주 낭천 함흥 덕원 회령 종성 성천 강계 동학, 충청·전라 감영에 교조신원	
30		전주 익산 고부 청풍 황간 인천 개성 재령 함종 중화 철도 동학 각군아문괘서 동학 복합상소 보은집회 동학 외국공관괘서 동학 금구집회	
31 (1894)		김해, 농민군 전주점령, 농민군 전라도 50여 주에 집강소 설립, 김제 금산(동도취회) 황주 개성 금성 해주	청일전쟁 갑오개혁

그러나 이러한 민란이 정치적 성격을 지닌 사령탑과 연결될 수 있을 때에는 그 민란의 성격이 크게 달라지게 된다. 고부민란(古阜民亂)에서 전봉준(全琫準)을 사령탑으로 추대한 경우와

삼남 지방의 민란이 동학(東學)의 조직과 연결될 수 있었음은 그것이었다. 그럴 경우에는 민란 단계에서부터 그 사령탑의 지휘에 따라, 그것을 목표로 멀리 내다보는 정치운동이 되는 것이었다. 그리하여 그 운동은 점차 이웃 군현의 민란과 연계되는 가운데 큰 세력으로서 농민군(農民軍)이 되고, 그 행동 목표는 정치적 혁명성을 띤 농민전쟁(農民戰爭)이 되었다.

(3) 농민군의 집강소(執綱所) 설치와 국가개혁 구상

농민군의 정치성은 여기에서 그치지 않았다. 그들은 농민전쟁을 진행하며 전주성(全州城) 점령 등 승전(勝戰)에 대한 확신이 서게 됨에 따라서 그 사령탑의 정치이념을 좇아 그들이 원하는 정치체제를 세우고 국가개혁을 기도할 것을 구상하는 것이다. 그 사령탑은 전봉준(全琫準)과 동학(東學)이었고, 그 정치체제는 집강소(執綱所)였다. 말할 것도 없이, 이는 농민군 독자적으로 설치한 것은 아니었으며, 정부측과의 협의를 거쳐서 '관민상화(官民相和)'하여 '폐정개혁(弊政改革)'을 달성할 것을 목표로 하면서 설치한 것이었다. 군현의 관아에 군현 집강소가 설치되고, 도의 감영에도 집강소가 설치되었다.

조선시기의 지방행정 관아에는 향촌사회의 자치기구인 향청(鄕廳)이 제도로서 설치되어서, 지방수령이 지방민을 통치하려면 이 향청의 좌수(座首), 별감(別監)과 상의하고 협조를 얻어서 차질이 없도록 하고 있었다. 집강소(執綱所)는 이 제도를 개편 강화하여, 농민군 간부들이 좌수, 별감대신 집강(執綱)이 되어, 수령과 협력하는 가운데 군현의 행정을 운영하고 폐정을 개혁하도록 하는 것이었다. 경우에 따라서는 집강소가 수령의 관권까지도 대행하는 일마저 있었다. 이때의 집강소의 개혁활동은 '집강소의 폐정개혁 12개 조항'으로 잘 알려져 있다. 이는 폐정개혁, 사회개혁을 위한 농민군(農民軍)의 정강(政綱)이 되는 것이기도 하였다.[17]

여기서 궁금한 것은 중앙정부에는 어떤 대책을 세우려고 했을까 하는 점이다. 농민군이 9월기포(起包) 이후에는 군현의 관아에 설치한 집강소와 도의 감영에 설치한 집강소를 바탕으로, 이를 더욱 확대 발전시켜 중앙정부에도 집강소 기구를 설치하려고 했다. 그런 가운데서도 정부를 이끌고 정치를 수행하는 수뇌에는 여러 명의 '국가의 중임을 맡은 인사〔柱石之士〕'를 임명하여 그들로 하여금 합의정치(合議政治)를 하려고 했던 점으로 보아, 정부를 집단지도체제(集團指導體制)로 운영하려는 것이었다고 하겠다. 그리고 보면 그들이 추구해온 국가체제는 집단지도체제로 운영되는 정부와 집강소체제로 운영되는 일종의 의회(議會)로 구성되는 것이었다고 하겠다. 그들이 지향하는 근대국가였다.

4) 9월기포(九月起包)와 일제에 대한 반침략 민족전쟁

9월기포 당시 농민군의 지향은 일제(日帝)에 의한 중앙의 정국(政局) 변동, 곧 일제의 민씨정권(閔氏政權) 축출과 친일 개화파정권(開化派政權)의 수립 및 갑오개혁(甲午改革)의 강제, 그리고 그들의 농민군 대책이 관민상화(官民相和)의 타협정책에서 효유탄압(曉諭彈壓), 선유후토(先諭後討 : 타이르는 척 하면서 탄압·토벌)하는 강경정책으로 선회함으로써 그대로 유지되기 어려웠다.

더욱이 일제가 청일전쟁(淸日戰爭)을 도발하면서 벌인 일련의 군사활동은 관민(官民)의 유대관계를 완전히 중단하지 않을 수 없도록 하였다. 일련의 군사활동이란 갑오년(甲午年 ; 1894) 6월 21일의 경복궁(景福宮)에 대한 '쿠데타'를 비롯해서, 여러 번의 회담을 거친 뒤 7월 20일의 조일(朝日) 양국의 잠정합동조관(暫定合同條款), 7월 26일의 조일양국동맹(朝日兩國同盟), 10월 23일의 제2차 '쿠데타' 등이다. 이는 일제의 조선에 대한 독점적 지배를 목표로 하는 일련의 침략행위, 더 정확하게 말하면 조선을 완전 점령하고 보호국화(保護國化)하려는 수순이 되는 것이었다고 하겠다.[18]

그러므로 농민군의 9월기포는 이 같은 일제의 침략을 방어하고 나라와 겨레를 수호하려는 보국안민(輔國安民)의 민족전쟁이었다고 하겠다.

그러나 제국주의 국가의 정규군과 농민군의 전쟁에서 농민군의 승리를 기대하기는 어려웠다. 농민군 지도층도 그렇게 생각하였을 것이다. 그렇지만 봉건국가 봉건사회를 근대국가, 근대사회로 개혁할 것을 목표로 농민전쟁을 수행해온 그들이 국가를 침략하고 있는 제국주의 국가를 방관할 수는 없었다. 그들은 침략자를 몰아내는 것 또한 역사적 사명으로 받아들이고 전선에 섰다. 그리하여 그들은 목표를 달성할 수는 없었지만, 그 정신은 살아서 우리 역사에 역사적 유산, 교훈으로서 남을 수 있게 되었다.[19]

5) 고종 만년의 국가개혁 농업정책

고종 자신은 이 난세를 어떻게 극복하려 하였는가. 여기서는 그것을 그의 만년―대한제국(大韓帝國) 광무개혁(光武改革) 때의 정책으로서 언급하고자 한다.

대한제국은 우리 역사의 제2차 문명전환의 산물이지만, 그 문명전환은 제국주의 열강의 동아시아 지배, 더욱이 일본제국이 조선왕조의 지배를 위한 독점적 지위를 차지하고자 다른 국가들과 경쟁을 하는 격동 속에서 확보한 산물이어서 그 의미가 적잖이 큰 바 있었다.

이때 정국의 격동은 청일전쟁(淸日戰爭)을 마무리하는 시모노세키(下關)조약에서 일본이 중국으로부터 대만(臺灣)과 요동반도(遼東半島)를 영유하게 되자, 러시아가 독일·프랑스와 더불어 "일본의 요동반도 영유는 중국의 수도(首都)를 위협할 뿐만 아니라, 조선국의 독립을 유명무실하게 하는 것이라 경고하고", 이를 중국에 반환하도록 요구한 삼국간섭(三國干涉)으로부터 발단하였다. 이를 계기로 러시아의 조선에 대한 영향력이 점점 커지게 되었다.[20]

이러한 국제정세를 최대한 활용한 것은 친일 개화파(開化派) 정권과 적대관계에 있던 친러(親露)계의 정적들이었다. 그 배후에는 민비(閔妃)가 있었다. 그러므로 일제는 민비 제거를 계획하였고 그녀를 시해[閔妃弑害]하는 만행을 자행하였다. 을미사변(乙未事變)이었다. 서울은 공포분위기에 휩싸였고 국왕(國王 : 高宗)의 안위도 보장할 수 없게 되었다. 고종 주변 인사들은 러시아공사와 의논하여 국왕이 그 공사관에 잠시 이거하여 피난토록 하였다. 아관파천(俄館播遷 ; 1896)이었다. 고종은 아관파천 직후 친일내각(親日內閣)을 해체하고 친미(親美), 친러(親露)계 인사로 구성된 신내각을 발족시켰다.[21] 그리고 그 사이에는 《독립신문》을 발간하기도 하였다. 문명세계에 대한 식견이 종전에 견주어 조금은 더 넓어졌다.

고종은 러시아공사관에 1년 동안 체류하고 1897년 2월 돌아와 국가개혁이 필요하다고 생각하였다. 그해 10월 '조선왕조'의 국호를 개정하여 '대한제국(大韓帝國)'이라 하고 그는 '황제(皇帝)'가 되었다.[22] 2년 뒤에 제정된 전9조로 구성된 대한국 국제(大韓國國制)에서 그 개혁의 성격을 이해하기 위해서는 다음 조항에 주목할 필요가 있겠다.

第1條 大韓國은 世界萬國에 公認되온 바 自主獨立ㅎ온 帝國이
　　　니라.
第2條 大韓帝國의 政治ᄂᆞᆫ 由前則五百年傳來ㅎ시고 由後則互
　　　萬世不變ㅎ오실 專制政治이니라.[23]

여기서 제1조는 그동안 제국주의 열강의 조선지배 경쟁 속에 시달렸던 고종이 조선이 자주독립 국가임을 세계만방으로부터 공인받는 것이 급선무라고 생각하여 대한국국제의 첫 조항으로 내세웠던 것으로 생각된다. 제2조는 대한제국의 정치는 전제정치인데 이는 무(無)에서 출발한 것이 아니라 조선왕조의 500년 문화전통을 계승해서 등장하였음을 강조한 것으로, 그 역사의 유구성을 세계만방에 내세우고자 함이었다고 생각된다. 제3조에서는 황제의 권한도 말하되 '황제는 무한(無限)ㅎ온 군권(君權)을 향유(享有)'한다고 강조하였다.

이는 제2차 문명전환 단계에서 고종 만년의 국가관이었다. 이때는 세계적으로 선진 국가는 국민국가, 민주국가를 지향하는 근대화과정을 진행하는 시기였으므로, 대한제국도 그러한 근대국가로 가는 한 과정에 있는 국가일 수 있었다. 그러나 이때 고종은 국민국가, 민주국가의 주체는 국민(國民)이라는 인식이 부족하였다. 대한제국의 중요성을 강조하기 위해서는 조

선왕조의 문화전통을 개혁하고 변혁해서 국가와 국민을 안정
시킬 수 있는 새로운 대한제국을 건설하였다고 할만도 하였는
데, 고종은 그렇게 하지 않았다. 그도 중세 말기의 다른 봉건지
배층과 마찬가지로 지배층 입장에서 개혁, 근대화를 구상하는
것이 전부였다. 그러한 점에서 대한제국은 그 수명이 장기간
계속되기 어려웠다. 그 22년 뒤 1919년에 상해에서 수립된 임
시정부의 국호는 '대한민국(大韓民國)', 즉 황제의 나라가 아니
라 국민들의 나라였다.

　고종의 그러한 자세는 대한제국의 농업정책인 양전지계사업
(量田地契事業)에서도 분명하게 드러나고 있었다. 이는 토지조
사(量田)로 농지의 시주(時主 : 당시의 소유주)를 확인하고, 그
소유주에게 근대국가의 토지소유권증서(土地所有權證書)인 지
계(地契)를 발급하는 제도였다. 따라서 조선 후기 이래의 봉건
적 대토지소유자들에게도 아무 제약 없이 이 증서를 발급하는
것이 되었다.[24]

　대한제국이 국민의 경제안정을 생각하는 국가였다면, 이 같
은 대사업을 하기 위해서는 역사적으로 늘 문제가 되는 농업상
의 모순구조를 해결한 위에서 지계를 발급하였을 터인데, 이때
에는 그러한 선행 사업이 없었다. 모순구조를 해결한다는 것
은 균전법(均田法), 한전법(限田法) 또는 기타의 방법으로 토지
개혁을 하여, 무전농민(無田農民)으로 하여금 농지를 소유토록
함을 말하는 것이다. 역사적으로는 무수히 많은 사람들이 이를

제기하고, 농민전쟁에서는 이를 폐정개혁안(弊政改革案)의 한 조항으로 내세우고 있는 중대한 문제였는데, 대한제국의 농업정책에서는 이를 고려의 대상으로 여기지 않고 있었다. 요컨대 대한제국의 농업정책은 '양반지주층 입장의 개혁론'이었던 것이다.[25]

◨ **제5장의 주**

1) 周藤吉之,〈朝鮮後期의 田畓文記에 관한 研究〉,《歷史學研究》
7-7·8·9, 1937 ; 한우근,〈18세기 전반기에 있어서의 한국사회
경제면에 대한 일고찰〉,《이조후기의 사회와 사상》제1편, 을유문
화사, 1961 ; 이경식,〈17세기 농지개간과 지주제의 전개〉,《한국사
연구》9, 1973 ; 최준오,《조선후기 토지사유권의 발달과 지주제》,
혜안, 2006.

2) 박용옥,〈남초에 관한 연구〉,《역사교육》9, 1966 ; 송찬식,〈조선
후기 농업에 있어서의 광작운동〉,《이해남박사화갑기념사학논총》,
일조각, 1970 ; 宮嶋博史,〈朝鮮農業史上에서의 15世紀〉,《朝鮮
史叢》3, 1980 ; ---,〈李朝後期에 있어서의 朝鮮農法의 發展〉,
《朝鮮史研究會論文集》18, 1980 ; 이광린,《이조수리사연구》, 한
국연구원, 1961 ; 이춘녕,《이조농업기술사》, 한국연구원, 1964 ;
김용섭,〈조선후기의 수도작기술 - 이앙과 수리문제〉, 신정증보판
《조선후기농업사연구》Ⅱ, 지식산업사, 2007.

3) 安秉珆,《朝鮮近代經濟史研究》, 백산서당, 1975 ; ---,《朝鮮 近
代經濟와 日本帝國主義》, 백산서당, 1977 ; 유원동,《한국근대경
제사연구》, 일지사, 1977 ; 강만길,〈조선후기 상업자본의 발달〉,
고려대 사학과 박사논문, 1973 ; 송찬식,《이조후기 수공업에 관한
연구》, 서울대 한국문화연구소, 1973 ; 류승주,〈조선후기 광공업사
연구〉, 고려대 사학과 박사논문, 1981 ; 원유한,〈조선후기화폐사
연구〉, 연세대 사학과 박사논문, 1975 ; 김영호,〈조선후기에 있어
서 도시상업의 새로운 전개〉,《한국사연구》2, 1968 ; ---,〈조선
후기 수공업의 발달과 새로운 경영형태〉,《대동문화연구》9, 1972 ;
河原林靜美,〈18·9세기에 있어서의 廛人과 私商에 대하여〉,《朝
鮮史研究會論文集》12, 1975 ; 전석담·허종호·홍희유,《朝鮮에
서 資本主義的關係의 發生》日譯논문, 1972(《조선에서 자본주의

적 관계의 발생》, 이성과 현실, 1989, 서울판) ; 김광진 · 정영술 · 손전후, 〈朝鮮에서 資本主義的關係의 發展〉日譯논문, 1973(《조선에서 자본주의적 관계의 발전》, 열사람, 1988, 서울판 ; 백승철, 《조선후기 상업사연구》, 혜안, 2000.

4) 姜德相, 〈李氏朝鮮 開港直後에 있어서의 朝日貿易의 展開〉, 《歷史學硏究》265, 1962 ; 한우근, 《한국개항기의 상업연구》, 일조각, 1970 ; 梶村秀樹, 《朝鮮에 있어서의 資本主義의 形成과 展開》, 龍溪書舍, 1977 ; 김용섭, 증보판 《한국근현대농업사연구 - 한말 일제하의 지주제와 농업문제 - 》, 지식산업사, 2000.

5) 이 소절은 중요한 문제임에도 단문으로 요점만을 기술하였다. 부세제도에 관한 구체적인 사실이나 문헌에 관하여 관심이 있는 독자는 다음의 글을 아울러 참고하기 바란다. 김용섭, 〈조선후기의 부세제도 이정책 - 18세기 중엽~19세기 중엽 - 〉, 신정증보판 《한국근대농업사연구》Ⅰ, 지식산업사, 2004.

6) 四方博, 〈李朝人口에 대한 身分階級別的 觀察〉, 《朝鮮經濟의 硏究》3, 刀江書院, 1938 ; 정석종, 〈조선 후기 사회신분제의 붕괴〉, 《대동문화연구》9, 1972 ; 김영모, 〈조선 후기 신분구조와 그 변동〉, 《동방학지》26, 1981 ; 박성식, 〈18세기 단성지방의 사회구조〉, 《대구사학》15 · 16, 1978 ; 平木實, 《朝鮮後期 奴婢制硏究》, 지식산업사, 1982 ; 김용섭, ① 〈조선 후기 신분제의 동요와 농지소유 - 상주목 중동지역 양안과 호적의 분석〉, ② 〈조선 후기 신분구성의 변동과 농지소유 - 대구부 조암지역 양안과 호적의 분석〉, ③ 〈조선 후기의 대구〈부인동동약〉과 사회문제〉, 신정증보판 《조선후기농업사연구 - 농촌경제 사회변동 - 》Ⅰ, 지식산업사, 1995.

7) 최호진, 《한국경제사》, 박영사, 1970 ; 馬淵貞利, 〈李朝末期 朝鮮農業의 한 特色〉, 《一橋論叢》75-2, 1976.

8) 허종호, 《조선봉건말기의 소작제연구》, 사회과학출판사, 1961.

9) 송찬식, 주 2의 논문 ; 宮嶋博史, 주 2의 논문 ; 김용섭, 〈조선후기의 경영형 부농과 상업적 농업〉, 신정증보판 《조선후기농업사연구 - 농업과 농업론의 변동 - 》Ⅱ, 지식산업사, 2007 ; 이윤갑, 《한

국 근대 상업적 농업의 발달과 농업변동》의 제1,2장, 지식산업사, 2011.

10) 주 3, 9의 논문들 참조.

11) 박광성, 〈진주민란의 연구〉, 《인천교대논문집》 3, 1968 ; 原田環, 〈晉州民亂과 朴珪壽〉, 《史學硏究》 126, 1975 ; 한우근, 〈대원군의 세원확장책의 일단〉, 《김재원박사회갑기념논총》, 1969 ; 김용섭, 〈조선 후기의 부세제도 이정책 - 18세기중엽~19세기중엽 - 〉, 〈철종조의 응지삼정소와 「삼정이정책」〉, 신정증보판 《한국근대농업사연구 - 농업개혁론 농업정책 - 》 I, 지식산업사, 2004.

12) 홍이섭, 《丁若鏞의 政治經濟思想硏究》, 한국연구원, 1959 ; 朴宗根, 〈茶山 丁若鏞의 土地改革思想의 考察〉, 《朝鮮學報》 28, 1963 ; 정석종, 〈다산 정약용의 경제사상〉, 《이해남박사 화갑기념사학논총》, 일조각, 1970 ; 김용섭, 〈18, 19세기의 농업실정과 새로운 농업경영론〉, 신정증보판 《한국근대농업사연구 - 농업개혁론 농업정책 - 》 I, 지식산업사, 2004.

13) 이때의 이 문제에 대한 좀 더 구체적인 연구는 다음의 글을 참조할 수 있다. 김영호, 〈다산의 직업관〉, 《천관우선생 환력기념한국사학논총》, 정음문화사, 1985 ; 조성을, 《연보로 본 다산 정약용》, 지식산업사, 2016 ; 김용섭, 〈18세기 농촌지식인의 농업관 - 정조 말년의 '응지진농서'의 분석 - 〉, 증보판 《조선후기농업사연구》 I, 지식산업사, 1995 ; ---, 〈18세기말 정부의 농서편찬계획과 두 농학사상의 대립〉, 신정증보판 《조선후기농학사연구》, 지식산업사, 2009 ; ---, 〈정약용과 서유구의 농업개혁론〉, 《창작과 비평》, 1973 가을호.

14) 김용섭, 〈철종조의 민란발생과 그 지향 - 진주민란 안핵문건의 분석 - 〉, 《한국근대농업사연구》 III, 지식산업사, 2001.

15) 김용섭, 〈철종조의 응지삼정소와 삼정이정책〉, 신정 증보 《한국근대농업사연구》 I, 지식산업사, 2004.

16) 국사편찬위원회 편, 《한국사》 38, 〈개화와 수구의 갈등〉, 1999 ; 김도형, 《근대 한국의 문명전환과 개혁론 - 유교비판과 변통》, 지식

산업사, 2014.

17) 정창렬, 〈고부 민란의 연구〉, 《한국사연구》 48 · 49, 1985 ; 오지영, 《동학사》, 영창서관, 1940.

18) 김용섭, 〈전봉준공초의 분석〉의 주 151~155, 《한국근대농업사연구》 Ⅲ, 지식산업사, 2001 ; 황태연, 《갑오왜란과 아관망명》, 공감문화연구소, 2017.

19) 한우근, 《동학란 기인에 관한 연구》, 한국문화연구소, 1971 ; 유영익, 《동학농민봉기와 갑오경장》, 일조각, 1998 ; 국사편찬위원회, 《한국사》 39, 제국주의의 침투와 동학농민전쟁, 1999 ; 김용섭, 〈고부민란의 사회경제사정과 지적환경〉, 《한국근대농업사연구》 Ⅲ, 지식산업사, 2001 ; ―――, 〈한말 고종조의 토지개혁론〉 신정증보판 《한국근대농업사연구》 Ⅱ, 지식산업사, 2004 ; ―――, 〈전봉준공초의 분석〉, 《한국근대농업사연구》 Ⅲ, 지식산업사, 2001 ; 정창렬저작집 간행위원회 편, 정창렬, 《갑오농민전쟁》, 선인, 2014.

20) 박영재, 〈청일전쟁과 갑오개혁〉, 《한국사》 40, 국사편찬위원회, 2000.

21) 강창일, 〈러일간의 각축 – 3국간섭과 을미사변〉, 〈열강의 이권침탈과 독립협회〉 《한국사》 41, 국사편찬위원회, 1999 ; 최문형 외, 《명성황후시해사건》, 민음사, 1992 ; 이민원, 〈러일간의 각축―아관파천〉, 〈열강의 이권침탈과 독립협회〉, 《한국사》 41, 국사편찬위원회, 1999 ; 황태연, 주 18의 책, 2017.

22) 이민원, 〈대한제국의 성립〉 《한국사》 42, 국사편찬위원회, 1999 ; 조재곤, 〈대한제국의 '국제' 및 군사제도〉, 동상서 ; 전봉덕, 〈대한제국 국제의 제정과 기본사상〉, 《법사학연구》 창간호, 1974 ; 서진교, 〈1899년 고종의 대한국국제 반포와 전제황제권의 추구〉, 《한국근현대사연구》 5, 1996 ; 김태웅, 〈대한제국기의 법규 교정과 국제제정〉, 김용섭교수 정년기념 논총간행위원회, 《한국 근현대의 민족문제와 신국가건설》, 지식산업사, 1997 ; ―――, 《한국근대지방재정연구》, 아카넷, 2012 ; 서영희, 《대한제국정치사연구》, 서울대학교출판부, 2003 ; 김도형, 〈대한제국의 체제개혁〉, 《대한제국과 한일관계》, 경인문화사, 2014.

23) 《고종실록》권39, 광무3년 8월 17일 ; 한국탁지부, 《현행한국법전》
제1편 국제, 제1장 정체, 대한국국제, 일한서방, 1910.

24) 이영훈, 〈광무양전에 있어서 '時主' 파악의 실상〉, 《대한제국기의
토지제도》, 민음사, 1990 ; 한국역사연구회 근대사분과 토지대장연
구반, 《대한제국의 토지조사사업》, 민음사, 1995(이 공동연구에 참
여한 집필진은 이영학, 왕현종, 이영호, 최원규, 최윤오, 이세영,
박태진, 이종범 교수 등이다. 대우학술총서로서 공동연구된 것이
다. 최원규, 〈대한제국기 양전과 관계발급사업〉은 위 공동연구 총
서에 실린 글이다) ; 宮嶋博史, 〈量案에서 '主'의 性格 慶尙道彦陽
縣量案의 事例〉, 《論集朝鮮近現代史》, 姜在彦先生古稀記念論文
集, 明石書店, 1996 ; 왕현종, 〈광무 양전·지계사업〉, 《한국사》
42, 국사편찬위원회, 1999 ; 박노욱, 《양안의 비판적 연구》, 경인
문화사, 2016 ; 김용섭, 〈광무연간의 양전·지계사업〉, 신정증보판
《한국근대농업사연구》Ⅱ, 지식산업사, 2004.

25) 이 책 5장 1절 4)소절의 '모순구조 개혁의 두 방향' ; 김도형, 〈대한
제국 시기의 개혁사업과 농민층 동향〉, 《한국사연구》41, 1983.

제6장 근현대의 농업개혁 -새로운 정세하의 농업개혁을 맞이하며-

이 장에서는 우리 농업의 역사가 일제침략기를 거치고, 해방된 뒤 남북이 각각 다른 농업개혁 - 남에서는 농지개혁, 북에서는 토지개혁과 농업협동화(農業協同化) - 을 하게 되는 사정을 정리함으로써 글을 맺고자 하였다.

1. 구한말(舊韓末)의 농업, 일제하 자본주의(資本主義) 농업기구로 재편성

구한말의 토지제도, 토지소유관계는 그 뒤 일제침략·일제강점기(日帝強占期 : 1905~1945)에도 그대로 계승되어, 일제의 조선농업 지배를 위한 농업기구로 재편성되었다. 구래의 전통적 농업기술, 농법, 농업관행도 그대로 계승되었다.

일제의 조선농업 지배를 위한 농업정책은, 그들 자신의 자본주의(資本主義) 농업기구가 지주제(地主制)를 근간으로 하였음과도 관련, 그리고 앞으로 조선농업 지배를 지주제로서 수행하려는 그들의 목표와도 관련하여, 시작농민(時作農民 : 小作農民)의 지위개선의 필요성을 인정하였으나, 구래의 지주제를 그대로 유지하는 가운데, 이를 그들의 자본주의 경제기구로써 장악하고 지배하였다. 이는 일본자본주의 경제기구에 의한 종래

지주제의 흡수, 곧 반(半)봉건적 토지소유, 반(半)봉건적 지주
제로서의 재편성이었으며, 조선농업을 일본자본주의, 일본제
국주의의 식민지적(植民地的) 농업체제로 재편성함이었다.

일제가 이 같은 사업을 위해서 그 자본주의 경제기구로서 수
행한 정책은, 1910년대에서 1930년대에 걸치면서 한국에 조선
은행(朝鮮銀行), 조선식산은행(朝鮮殖産銀行), 일련의 금융조합
(金融組合), 조선저축은행(朝鮮貯蓄銀行) 등의 금융기관을 설치
했으며, 이들 금융기관의 본·지점을 통하여 그 금융자본으로
써 한국경제, 한국농업을 장악하고 지배하도록 했다. 1910년대
에는 회사령(會社令), 조선토지조사사업(朝鮮土地調査事業)으
로 그들의 수탈농정(收奪農政)의 기반을 정착시키고, 1920년대
에는 조선산미증식계획(朝鮮産米增殖計劃)으로 그들의 수탈농
정을 강화시켜 나갔다.

구한말의 농업이 일제의 조선농업 지배를 위한 자본주의 농
업기구로 재편성된 뒤에는, 자본투자에 의욕적인 일본인들의
조선농업에 대한 관심이 한층 더 높아졌다. 1910~1930년대의
짧은 기간에 연인원 10만 명 이상의 일본인들이 해일처럼 밀려
왔다. 그 가운데는 토지를 수 정보(町步)에서 수십 정보, 수백
정보, 수천 정보, 수만 정보씩이나 투자케 하거나 매입 또는 겸
병하여 크고 작은 지주 자본가가 되고, 이른바 자본가적 지주
경영(地主經營), 농장제(農場制) 지주경영을 하는 사람과 조직
이 있게 되었다. 동양척식주식회사(東洋拓殖株式會社 : 東拓)

와 불이흥업주식회사(不二興業株式會社)의 농업경영이 그 표본
이 되었다.

그리고 일본인 지주 자본가의 농장에 방매한 토지가 본디 지
주제로 경영되던 곳이면, 그 시작농민(時作農民)이 소작농민(小
作農民)이 될 수도 있고, 소토지(小土地)를 소유하고 자경농민(自
耕農民)으로서 경영하던 곳이면, 관례에 따르면 그 소유주가 그
토지를 방매하고서도 그 농지를 소작농민으로서 그대로 경작할
수 있었다. 그러나 그같이 소작농으로서나마 농지를 유지할 수
있으면 다행이고, 많은 경우 일본인 농장은 구래의 농지를 새로
운 지주제로 재편성하는 가운데 소작지를 일본에서 이주해 온 일
본인 소작농민에게 배정하거나 계획된 새로운 소작농으로 재편
성하였다.

따라서 종래의 경작농민들은 그 소작지에서 밀려나고 격동
하는 농촌사회에서도 밀려나, 만주, 시베리아, 일본 등지로 유
망(流亡)하였다.[1]

2. 농업모순, 반봉건 반자본주의의 성격을 형성

이러한 사정은 지주와 시작농민(時作農民) 사이에 있었던 구
래의 모순구조도 그대로 일본제국주의, 일본자본주의 아래의

그것으로 전환, 존속시켰다. 그리고 이것은 이 시기 지주제의
경영 내용이 종래의 그것에 견주어 강화되고, 또 그러한 지주
제가 확대되면서 이 시기 최대의 사회문제가 되었다. 1920년
대 이후 전국적으로 계속 전개되는 지주층에 대한 소작농민들
의 항쟁, 곧 소작쟁의(小作爭議)는 그러한 모순구조의 반영이
었다.

그러므로 이 시기의 농민항쟁은 지주제의 성격, 지주층의 존
재형태와도 관련하여, 필연적으로 반봉건(反封建) 운동, 반자
본주의(反資本主義), 반제국주의(反帝國主義) 운동의 성격을
띠게 되었다. 그리고 그런 까닭으로 이는 새로운 사회운동(社
會運動 – 민족주의 독립운동, 사회주의 혁명운동이 나오게
되는 농업, 농촌적 배경이 되었다.

일제(日帝) 시기의 이 같은 농업문제, 모순구조도 이때에는
해결되지 못하였다. 일제는 농가갱생계획(農家更生計劃), 자작
농창설유지(自作農創設維持), 조선농지령(朝鮮農地令), 조선산
업조합령(朝鮮産業組合令) 등 이런저런 대책을 내놓고 있었지
만, 그것은 일본자본주의 농업기구 안에서 펼친 수습책이어서
근본적인 해결책이 될 수 없었고, 조선인들의 제안은 농업개혁
을 요구하는 것이어서 수용될 수 없었다. 이 시기의 농업문제,
모순구조는 문제의 성격상 이 시기에 해결될 수 있는 일이 아
니었으며, 민족해방(民族解放)과 더불어 비로소 해결될 수 있는
일이었다.[2]

3. 해방 뒤의 농업개혁 - 농지개혁과 토지개혁, 농업협동화(農業協同化)

해방된 뒤 동아시아 국제정세는 일제 시기의 그것에서 다시 한 번 굴절하고 변전(變轉)하여 어려운 시대가 되고 있었다. 제2차 세계대전을 승리로 이끈 연합국(聯合國)은 한민족(韓民族)과 한반도(韓半島)를 남북으로 분단하였고, 남북에 각각 미군정, 소군정을 실시함으로써 체제가 다른 두 국가, 두 사회를 건설하게 하였다. 그리하여 남에는 자유민주주의(自由民主主義)에 바탕을 둔 민주공화국(民主共和國)이, 북에는 인민민주주의(人民民主主義)에 기초한 인민공화국(人民共和國)이 수립되었다. 중국에서는 오랫동안의 혁명운동을 거쳐 사회주의(社會主義) 이념을 기초로 한 중화인민공화국(中華人民共和國)이 건설되었다.

그러므로 해방 뒤에는 동아시아 세계의 이러한 정세변동과도 관련하여, 종래의 전통적인 농업개혁론 - 두 사회계급〔양반지주층과 농민층〕이나, 이들 입장에 서는 농업론 및 일제 강점기 이후의 농업문제, 모순구조 해결을 위한 방안 - 은 시세에 맞도록 조정되지 않으면 안 되었다. 그리하여 남한에서는 그 모순 구조, 농업문제를 농지개혁법(農地改革法)으로써 해결하였고, 북에서는 그것을 토지개혁법(土地改革法)으로써 해결하였다. 6·25전쟁 이후 북에서는 이를 농업협동화(農業協同化)로 전환하여 오늘의 농업을 건설하였다. 그리고 그 후에는 식량난을 극복하기 위하여, 협동농장의 분·조 조직의 단위를 축소 개편하는 가운데 점진적으로 포전제(圃田制)를 도입하고 있다.[3]

농업 토지문제를 중심으로 역사의 흐름을 이같이 정리하고 보면, 우리나라 근현대사의 비극 남북분단의 연원은 역사적으로 17세기 이래의 지주층과 시작농민(時作農民)·몰락농민(沒落農民) 사이의 농업문제 모순구조를 근원적으로 해결할 수 있는 원리가 일찍이는 '홍익인간(弘益人間)'으로, 후세로 내려와서는 '경자유전(耕者有田)', '사회적 분업(社會的分業)' 등으로 이미 제기되고 있었음에도, 국가가 이들 원리를 적절하게 정치이념으로 수렴하여 해결하지 못한 데 있었다고 하겠다.

이를 좀 더 부연하면, 우리나라는 정치이념이, 서로 다른 맥족 맥국과 예족 예국이 결합하여 하나의 국가를 형성하였으므로, 그 국가의 정치이념은 두 종족, 두 국가의 정치이념을 종합, 절충하여 하나의 통합개념으로서 정치이념을 마련하는 것이 필요하였으나 그렇지 못하였고, 따라서 농업문제, 모순구조의 문제가 원리적, 근원적으로 해결될 수 없었으며, 그러한 점

에서 이 문제는 앞으로 해결해야 할 과제로 남겨지는 것이라고 하겠다.[4]

■ 제6장의 주

1) 박문규, 〈농촌사회분화의 기점으로서의 토지조사사업에 대하여〉,
    경성제대법문학회편《조선사회경제사연구》, 1933 ; 인정식, 〈토지
    조사사업을 기축으로 한 조선토지·농촌관계의 변천과정〉, 《조선
    의 농업기구분석》, 1937 ; 久間健一, 《朝鮮農業의 近代的樣相》第
    1編 朝鮮農業經濟序論, 目黑書店, 1935 ; ────, 《朝鮮農政의
    課題》, 成美堂書店, 1943 ; 小早川九郞 編, 《朝鮮農業發達史》發
    達編, 政策編, 朝鮮農會, 1944 ; 東洋拓殖株式會社, 《東拓十年
    史》, 1918 ; 《東洋拓殖株式會社 業務要覽》, 1927 ; 李在茂, 〈朝鮮
    에 있어서의 '土地調査事業'의 實體〉, 《社會科學硏究》 7-5, 1955
    ; 유인호, 〈토지조사사업의 토지제도사적 의의〉, 《이산 조기준박사
    화갑기념논문집》, 대왕사, 1977 ; 이호철, 〈일제침략하의 농업경제
    를 형성한 력사적 배경에 관한 연구 - 농민의 사회적 존재형태를
    중심으로〉, 《한국사연구》 20·21·22, 1978 ; 신용하, 《조선토지조
    사사업연구》, 한국연구원, 1979 ; 배영순, 〈한말 역둔토조사에 있
    어서의 소유권론쟁〉, 《한국사연구》 25, 1979 ; 농지개혁사편찬자
    료Ⅷ 《일제하의 농민층분해와 지주제에 관한 연구》, 한국농촌경제
    연구원, 1985 ; 홍성찬, 〈일제하 금융자본의 농기업지배, 불이흥
    업(주)의 경영변동과 조선식산은행〉, 《동방학지》 65, 1990 ; 宮嶋
    博史, 《朝鮮土地調査事業史의 硏究》, 東京大學東洋文化硏究所,
    1991 ; 김홍식·宮嶋博史·이영훈·박석두·조석곤·김재호, 《조
    선토지조사사업의 연구》, 민음사, 1997 ; 김용섭, ① 〈근대화과정
    에서의 농업개혁의 두 방향〉, ② 〈재령 동척농장의 성립과 지주경
    영 강화〉, ③ 〈일제강점기의 농업문제와 그 타개방안〉, 증보판 《한
    국근현대농업사연구》, 지식산업사, 2000 ; 정재정, 〈식민지 수탈
    구조의 구축〉, 《한국사》 47, 국사편찬위원회, 2001 ; 한국역사연구
    회 토지대장연구반, 《일제의 창원군 토지조사와 장부》, 선인, 2011

; 이태진,《일본의 한국병합 강제 연구 - 조약 강제와 저항의 역사
-》, 지식산업사, 2016

2) 朝鮮總督府,《朝鮮의 小作慣習》, 1929 ; -----,《朝鮮의 小作
慣行》, 上 下, 1932 ; 津田藏之丞,〈朝鮮에서의 小作問題의 發展
過程〉,《朝鮮의 經濟》, 京城帝國大學 法文學會, 1929 ; 朝倉昇,
〈朝鮮의 小作問題와 그 對策〉,《農業經濟研究》7의 2, 日本農業
經濟學會, 1931 ; 주봉규,〈일제하 소작쟁의운동의 역사적 의의에
관한 연구〉,《동아문화》14, 서울대 동아문화연구소, 1977 ; 조동
걸,《일제하 한국농민운동사》, 한길사, 1979 ; 박천우,〈한말 일제
하의 지주제연구 - 암태도 문씨가의 지주로의 성장과 그 변동〉, 연
세대학교 석사학위논문, 1983 ; 박찬승,〈1924년 암태도 소작쟁의
의 전개과정〉,《한국근현대사연구》54, 2010 ; 김경태,〈1920년대
전반 소작쟁의의 확산과 '4할 소작료' 요구〉,《사림》55, 2016 ; 안
병직,〈조선에 있어서 반(半)식민지 반(半)봉건사회의 형성과 제국
주의〉,《한국 근대사회와 제국주의》, 한국사연구회, 1985 ; 홍성찬,
주 1의 논문 ; 지수걸,《일제하 농민조합운동연구 - 1930년대 혁
명적 농민조합운동》, 역사비평사, 1993 ; 이준식,《농촌사회변동과
농민운동 - 일제침략기 함경남도의 경우 - 》, 민영사, 1994 ; 조성
운,〈1930년대 이후의 대중운동-농민운동〉,《한국사》50, 국사편찬
위원회, 2003 ; 김용달,〈일제의 농업정책과 농민운동〉,《동양학》
41, 2007 ; 김용섭, 주 1의 논문 ; 이윤갑,《한국 근대 상업적 농업
의 발달과 농업변동》, 지식산업사, 2011 ; ---,《일제강점기 조선
총독부의 소작정책 연구》지식산업사, 2013.

3) 대륙연구소,〈북조선 토지개혁에 대한 법령〉,《북한법령집》제8편
농림 수산, 제2권 273, 1990 ; 대륙연구소,〈토지개혁법령에 관한
세칙〉,《북한법령집》제8편 농림 수산, 제2권 277, 1990. 이 두 법
령은 다음의 두 연구에 부록으로 수록되어 있다. 박문규,《조선토지
문제논고》부록, 신한인쇄공사, 1946 ; 김용섭, 증보판《한국근현대
농업사연구 - 한말 일제하의 지주제와 농업문제 - 》, 결론의 부록,
지식산업사, 2000 ; 법제처,《대한민국법령집》제24편 농림 제2장

농지 농지개혁법, 제26권, 213, 1990 ; 강진국, 《농지개혁법해설》, 문화출판사, 1949. 이 농지개혁법은 위의 북조선 토지개혁에 대한 법령 및 그 세칙과 함께 김용섭의 위에 든 책에 수록되어 있다.

서동만, 〈북조선에 있어서의 사회주의 체제의 성립〉, 도쿄대학교 박사논문, 1995 ; 김성보, 《남북한 경제구조의 기원과 전개 − 북한 농업체제의 형성을 중심으로 − 》, 역사비평사, 2000 ; −−−, 〈1960년대 북한 농업협동조합 운영체계의 성립과 그 역사적 맥락〉, 《충북사학》 13, 충북대학교 사학회 ; 남성욱, 《현대 북한의 식량난과 협동농장 개혁》, 한울, 2004 ; 박정식, 〈경제 위기 이후 북한 협동 농장 운영체계의 변화〉, 북한대학원 대학교 석사 논문, 2009.

4) 농촌경제연구원, 《농지개혁사연구》, 1989 ; 서동만, 주 3의 논문 ; 김성보, 주 3의 책 ; 홍성찬 편, 《농지개혁 연구》, 연세대학교 출판부, 2001 ; 유용태 엮음, 《동아시아의 농지개혁과 토지혁명》, 서울대학교 출판문화원, 2014 ; 이 책의 제5장 2절 정조조, 3절 철종조, 4절 고종조 참조.

찾아보기

ㄱ

222

ㅁ

224